만당, 연매출 20억의 비밀

경북 상주 1위 중식 브랜드

만당, 연매출 20억의 비밀

양준영 지음

연매출 20억 중식 브랜드의 다양한 솔루션! 청년 사장의 비밀 노트

청년 창업가의 꿈을 응원하는 만당의 이야기

외식업의 한계를 넘어
만당이 이끄는 새로운 비전을 만나 보세요.

헬프린트

서문

　저는 운동선수로서 첫 사회생활을 시작했습니다. 어린 시절부터 체육을 통해 체력뿐 아니라 끈기와 인내심을 배우며 목표를 향해 꾸준히 나아가는 법을 익혔습니다. 선수 생활이 끝난 후에는 수영 코치로 아이들을 가르치며 그들이 성장해 가는 모습을 지켜보는 일에 큰 보람을 느꼈습니다. 그러나 2020년, 코로나19라는 예기치 못한 위기가 닥치면서 체육관과 수영장들이 폐쇄되었고, 하루아침에 제 일터가 사라졌습니다. 그때 저는 처음으로, 인생의 중요한 전환점을 맞이하게 되었습니다. 생계를 유지해야 하는 현실과 앞으로의 불확실한 미래 속에서, 새로운 도전의 필요성을 절실히 깨달았습니다.

　그 시점에서 떠오른 것이 외식업이었습니다. 어렸을 때 부모님께서 운영하시던 '금문왕손짜장'에서 틈틈이 일을 도우며 외식업의 기초를 경험해 본 기억이 남아 있었습니다. 부모님이 일하시던 가게에서 배우고 익혔던 것들이 전부는 아니었지만, 외식업에 도전해 볼 용기를 내게 해 주었습니다. 그렇게 2020년 9월, 상주의 작은 중식당인 만당을 인수하며 본격적으로 외식업에 뛰어들게 되었습니다. 이 결정은 제게 또 다른 출발점이 되었고, 저는 만당을 통해 완전히 새로운 도전을 시작하게 되었습니다.

외식업 초보였던 저에게 매장 운영은 예상보다 훨씬 더 힘든 일이었습니다. 인수 후 첫 달 매출은 1,500만 원에 불과했고, 늘어나는 비용과 저조한 수익 속에서 매장을 운영해 나갈 방법을 고민하며 고군분투했습니다. 저는 고객의 발길을 이끌어 내기 위해 무언가 새롭고 강렬한 변화가 필요하다는 것을 절실히 느꼈습니다. 그러다 문득 지역 곳곳에 붙어 있는 현수막들이 눈에 띄었고, 이를 활용한 게릴라 마케팅 아이디어가 떠올랐습니다. "샤워하고 나서 배달시키세요"라는 유머러스한 문구의 현수막을 통해 고객들의 이목을 끌어 보자는 계획이었습니다.

이 현수막 마케팅은 예상보다 큰 반응을 일으켰습니다. 단순히 호기심을 자극할 뿐 아니라 고객들과 웃음을 공유할 수 있는 기회가 되었고, 그 결과 매출에도 긍정적인 변화가 생겼습니다. 이 경험은 외식업에서 창의적 시도가 얼마나 중요한지를 깨닫게 해 주었습니다. 저는 고객과 소통하는 것이 단순히 음식을 제공하는 것 이상으로 중요하다는 것을 체감했습니다. 이 계기를 통해 외식업에서 마케팅, 서비스, 고객의 목소리에 귀 기울이는 것의 중요성을 깊이 이해하게 되었습니다.

시간이 지나면서 외식업 경영은 점차 제게 수익 이상의 의미를 가져다주었습니다. 처음에는 매출 증대를 목표로 시작했지만, 점차 고객 한 분, 한 분과 관계를 형성하는 것이 만당의 성장을 위한 핵심이라는 것을 알게 되었습니다. 만당을 단순한 음식점이 아닌, 고객이 머무는 동안 편안하고 즐거운 경험을 할 수 있는 특별한 공간으로 만들고 싶다는 생각이 자리 잡았습니다. 특히 지역 사회에 필요한 브랜드, 지역 주민들이 자주 찾고 사랑하는 브랜드가 되고자 하는 목표가 생겼습니다.

저에게 있어 만당은 이제 단순한 사업을 넘어 저를 성장시키는 큰 무대가 되었습니다. 운동선수로서 쌓아 온 끈기와 인내가 외식업에서도 새로운 도전으로 이어졌고, 매일매일 현장에서 겪는 시행착오와 작은 성공들이 모두 저를 더 단단하게 만들어 주었습니다. 직원들과 협력, 고객들과 소통, 더 좋은 메뉴와 서비스를 제공하려는 노력이 차곡차곡 쌓이며 만당은 점차 안정적인 성장을 이룰 수 있었습니다.

　이 책은 만당을 통해 제가 경험하고 배운 점들을 담은 기록입니다. 처음 외식업에 발을 들인 순간부터 매장을 확장하고, 또 새로운 가능성에 도전하기까지 제가 겪었던 도전과 실패, 작은 성공들이 모두 이 책에 담겨 있습니다. 창업을 준비하고 있는 예비 창업가들, 외식업에서 자신만의 길을 찾고 있는 분들이 제 이야기를 통해 작은 용기와 인사이트를 얻기를 바랍니다. 만당의 도전과 성공의 서막을 지금부터 여러분과 함께 나누고자 합니다.

| 목차 |

서문 ... 4

1부 선택의 순간과 초심에서 시작된 변화

1. 외식업에 뛰어들다 ... 14
코로나와 새로운 시작의 계기 ... 14
무모함이 아닌 전략적 도전
– 수영 코치에서 외식업 대표로 ... 18

2. 창업의 계기와 배경 ... 22
운동선수에서 외식업 창업으로
– 코로나19가 가져온 삶의 전환 ... 22
가업을 잇는 과정에서 느낀 책임감과 불안 ... 26

3. 초기 경영의 도전과 돌파구 ... 32
첫 번째 결단 – 만당을 이어받다 ... 32
'경상도 스타일' 서비스의 문제점과
이를 개선하기 위한 전략 ... 36

4. 직원과 함께한 변화 ··· 41
　직원들의 저항과 설득 - 새로운 서비스 철학을 심다 ··· 41
　고객 중심의 서비스 매뉴얼 - 고객의 목소리를 경청하다 ··· 45

2부 마케팅을 통한 새로운 바람

5. 현수막 마케팅의 성공과 교훈 ··· 52
　샤워하고 배달시키세요
　- 고객의 마음을 잡은 마케팅 사례 ··· 52
　'ㅋㅋㅋㅋㅋ만당ㅋㅋㅋ' 현수막의 비밀 ··· 56

6. 프로모션의 힘 ··· 62
　임산부, 어린이, 유공자 할인의 성공 사례 ··· 62
　실패한 프로모션
　- 예상과 다른 고객 반응과 그 속에서 얻은 교훈 ··· 66

7. 온라인으로의 전환 ··· 70
　디지털 전환을 통한 고객 소통의 혁신 ··· 70

3부 성공과 성장의 균형

8. 매출 급상승의 부작용과 해결책 ··· 76
예상치 못한 인력 문제와 해결 과정 ··· 76
매출 1억 달성 이후의 서비스 품질 관리 ··· 80

9. 프랜차이즈 확장의 도전 ··· 84
2호점의 출발과 운영 전략 ··· 84
프랜차이즈 확장에서 겪은 난관 ··· 90

4부 고객의 마음을 움직이는 서비스 차별화

10. 서비스 매뉴얼의 제작과 실행 ··· 96
맞춤형 서비스 매뉴얼 개발 – 고객의 목소리를 반영하다 ··· 96
고객 불만을 긍정적인 변화로 이어 간 특별 대응 사례 ··· 101

11. 고객을 감동시키는 이벤트 기획 ··· 104
현장직 공무원을 위한 특별한 감사의 마음 ··· 104
유쾌함과 따뜻함으로 전한 특별한 경험들 ··· 108

5부 만당의 교훈과 청년 창업가를 위한 조언

12. 성공과 실패를 통해 배운 것들 ··· 114
    성공 경험에서 얻은 인사이트 ··· 114
    실패가 준 깨달음과 성장의 기회 ··· 117

13. 청년 창업가에게 전하는 조언 ··· 121
    실무 경험의 중요성 '가장 밑바닥에서 시작하라' ··· 121
    자본 부족 극복 전략 ··· 124
    열정과 현실 사이의 균형 ··· 128

14. 창업을 꿈꾸는 이들에게 ··· 133
    도전과 용기의 중요성, 실패에도 굴하지 않는 마음가짐 ··· 133
    창업 전 반드시 고려해야 할 세 가지 ··· 136

    마무리하며 ··· 141

1부

선택의 순간과
초심에서 시작된 변화

1. 외식업에 뛰어들다

코로나와 새로운 시작의 계기

저는 원래 운동선수 출신으로, 은퇴 후 수영 코치로 제2의 인생을 시작했습니다. 체육관에서 아이들에게 수영을 가르치는 일이 보람찼고, 안정적인 삶을 이어 가는 듯했습니다. 하지만 2020년 코로나19가 터지면서 모든 것이 바뀌었습니다. 사회적 거리두기로 수영장과 체육관이 문을 닫으면서 일자리를 잃게 되었고, 한동안 막막함 속에 지내야 했습니다.

무엇을 해야 할지 고민하던 중, 부모님이 운영하시던 '금문왕

손짜장'에서 배웠던 경험이 떠올랐습니다. 비록 외식업에 대한 전문 지식은 없었지만, 음식점 운영과 일의 흐름을 익혔던 시간들이 저에게 작지 않은 자산으로 남아 있었습니다. 결국 저는 이를 바탕으로 2020년 9월, 상주 지역에 위치한 '만당'이라는 새로운 가게를 인수하게 되었고, 이곳에서야 비로소 외식업 경영에 본격적으로 도전하게 되었습니다.

처음부터 모든 것이 순탄했던 것은 아닙니다. 인수 첫 달 매출은 고작 1,500만 원에 불과했습니다. 코로나로 인해 사람들의 외식 수요가 급감한 상황에서 매장 영업만으로는 매출을 끌어올리는 것이 어려웠습니다. 그때 깨달은 것은 외식업을 기존과 같은 방식으로 운영해서는 살아남기 어렵다는 것이었습니다. 단순히 부모님의 방식대로 가게를 이어 가는 것이 아니라, 새로운 아이디어와 차별화된 전략이 필요했습니다.

가장 먼저 시도한 것은 배달과 포장 서비스 강화였습니다. 사회적 거리두기로 인해 매장 방문 손님이 줄어든 만큼, 배달 수요에 적극 대응하는 것이 중요했습니다. 동시에 매장 인지도를 높이기 위해 독특한 '현수막 마케팅'도 시작했습니다. 매주 금요일 저녁이면 상주시 곳곳에 현수막을 설치하고, 월요일 아침 단속 전에 철거하는 방식이었습니다. "샤워하고 나서 배달시키세요!"라는 재치 있는 문구를 활용해 사람들의 관심을 끌었고, 이런 마케팅은 곧 매출 상승으로 이어졌습니다.

특히 이 문구는 단순한 유머가 아니었습니다. 배달이 예상보다 빠른 경우가 많아 손님들이 샤워 도중 배달 기사를 맞이해야 하는 상황이 종종 발생했습니다. 그래서 "라면 물을 끓이면 도착!" 같은 메시지를 활용하며, 빠르고 정확한 배달 서비스의 강점을 강조했습니다. 이러한 독창적인 접근은 고객들 사이에서 화제가 되었고, 만당의 이름이 점차 알려지기 시작했습니다.

물론 초반에는 시행착오도 많았습니다. 외식업 초보였던 저는 매장의 기본 운영부터 손님 응대까지 모든 것을 직접 배우며 익혀야 했습니다. 부모님과 다르게, 제가 꿈꾸는 만당은 고객에게 친절한 서비스를 제공하는 곳이었습니다. 특히 경상도의 무뚝뚝한 서비스 스타일에서 벗어나려는 노력은 초기 운영에서 중요한 과제였습니다.

가게를 운영하며 가장 어려웠던 점 중 하나는 기존 직원들과 협업이었습니다. 새로운 방식에 저항감을 느끼는 직원들이 있었고, "굳이 이렇게까지 해야 하냐"는 반발도 있었습니다. 그러나 저는 포기하지 않고 직원들과 함께 손님 응대 방식을 개선해 나갔습니다. 처음에는 어색해하던 직원들도 점차 변화를 받아들이며 친절한 서비스가 가게의 경쟁력이라는 것을 이해하게 되었습니다.

 시간이 지나면서 직원들의 태도 변화는 손님들에게도 긍정적인 영향을 미쳤습니다. "서비스가 좋아졌다"는 후기가 늘어나며, 재방문 고객이 증가했습니다. 무엇보다 이러한 변화가 단순히 매출 상승으로만 이어진 것이 아니라, 직원들에게도 더 큰 보람을 느끼게 하는 계기가 되었습니다. 경영자로서 저는 이 과정을 통해 서비스의 변화가 가게의 성공에 핵심적인 요소임을 다시금 깨달았습니다.

 이처럼 코로나19는 저에게 위기이자 기회였습니다. 팬데믹으로 인한 불확실성 속에서도 새로운 길을 모색하며 외식업에 뛰어든 것은 결코 쉬운 결정이 아니었습니다. 하지만 운동선수 시절 쌓아 온 도전 정신과 부모님께 배운 경험을 바탕으로 저는 이 도전을 감당해 냈고, 만당을 변화와 성장을 위한 발판으로 삼을 수 있었습니다.

무모함이 아닌 전략적 도전 - 수영 코치에서 외식업 대표로

저는 운동선수 출신으로, 은퇴 후에는 수영 코치로 아이들을 가르치는 일을 했습니다. 매일 체육관에서 아이들의 성장을 지켜보며 보람을 느꼈습니다. 하지만 코로나19 팬데믹은 예고 없이 찾아왔고, 체육관과 수영장이 모두 문을 닫으면서 수입도 끊겼습니다. 예상치 못한 실직에 저는 큰 혼란에 빠졌고, 무엇을 해야 할지 막막한 시간을 보내야 했습니다.

이런 상황 속에서 단순히 그냥 앉아서 기다릴 수만은 없었습니다. 저는 부모님이 운영하시던 '금문왕손짜장'에서 일했던 경

험을 떠올렸습니다. 그곳에서 기본적인 주방 일과 운영 방식을 배운 기억이 남아 있었습니다. 하지만 부모님의 가게를 이어받는 대신, 새로운 시작을 위해 '만당'을 2020년 9월에 인수하게 되었습니다. 결국 이 선택은 제 인생에서 가장 큰 전환점이었습니다.

만당 인수는 단순한 도박이 아니라 전략적인 결정이었습니다. 외식업에 대한 경험은 부족했지만, 저는 운동선수로 활동하며 얻은 끈기와 집중력으로 어려움을 극복할 자신이 있었습니다. 무엇보다, 코로나로 인해 더 이상 물러설 곳이 없다는 상황이 오히려 결심을 굳히게 했습니다. 이렇게 새로운 길에 뛰어들기로 한 이유는 단순히 생계를 위해서가 아니라, 더 나은 미래를 스스로 개척해 나가기 위함이었습니다.

만당을 운영하기 시작하면서 저는 매장 경영이 단순히 음식을 파는 것 이상의 복잡한 일이란 걸 알게 되었습니다. 코로나라는 특수한 상황에서 손님은 급감했고, 첫 달 매출은 1,500만 원에 그쳤습니다. 단순히 주방과 홀을 돌리는 데만 집중했다면 살아남기 어려웠을 겁니다. 그래서 기존 운영 방식을 고수하지 않고 과감한 변화를 시도하기로 결심했습니다.

첫 번째 전략은 배달과 포장 서비스의 강화를 통해 매출의 돌파구를 마련하는 것이었습니다. 단순한 배달이 아니라, 고객들에게 매장을 각인시킬 수 있는 독창적인 마케팅이 필요했습니다. 그래서 시작한 것이 앞에서도 언급했던, 바로 현수막 마케팅이었습니다. "샤워하고 나서 배달시키세요" 같은 문구를 내세워 고객들의 호기심을 자극했습니다. "라면 물을 끓이면 도착!"이라는 문구와 같이 빠른 배달이 오히려 문제를 일으킨다는 상황을 유머러스하게 표현한 이 현수막은 지역 사회에서 큰 화제가 되었고, 매출 상승에도 기여했습니다.

이와 함께 저는 가게 운영에 있어서 '기존 방식을 답습하지 않는 것'을 경영 철학으로 삼았습니다. 부모님이 운영하던 금문왕 손짜장의 운영 노하우를 일부 참고했지만, 시대에 맞는 변화가 필요했습니다. 만당의 서비스는 단순히 음식을 파는 데 그치지 않고 고객에게 더 나은 경험을 제공하는 것을 목표로 했습니다. 이를 위해 저는 경상도 특유의 무뚝뚝한 응대 방식을 탈피하고 친절한 서비스를 도입하려 노력했습니다.

운동선수로서의 경험은 외식업 경영에도 큰 도움이 되었습니다. 운동 시절 배운 인내와 도전 정신은 외식업의 어려움을 이겨 내는 데 중요한 밑거름이 되었습니다. 가게를 운영하며 매일 새로운 문제에 직면했지만, 저는 문제를 분석하고 해결하는 과정에서 오히려 성취감을 느꼈습니다. 그런 태도가 직원들에게도 전파되면서 조직 전체가 긍정적인 분위기로 변화해 갔습니다.

저의 목표는 단순히 가게를 운영하는 데 그치지 않았습니다. 만당을 지역 사회에 사랑받는 브랜드로 성장시키는 것이 궁극적인 목표였습니다. 이를 위해 고객의 목소리에 귀 기울이며 끊임없이 서비스를 개선하고, 작은 디테일에도 신경을 썼습니다. 그 결과, 코로나라는 어려운 환경 속에서도 만당은 점차 자리를 잡아 갔고, 고객의 재방문율도 높아지기 시작했습니다.

이 모든 과정은 단순한 도전이 아니었습니다. 저는 수영 코치에서 외식업 대표로의 전환이 단지 생계를 위한 선택이 아니라, 새로운 가능성을 개척하기 위한 전략적 도전이라고 믿었습니다. 이 경험을 통해 외식업은 단순한 사업이 아니라 사람들과 소통하고 가치를 전달하는 하나의 예술이라는 것을 깨달았습니다. 코로나가 아니었다면 시작하지 않았을 길이었지만, 지금은 이 도전이 저에게 주어진 가장 큰 기회라고 확신합니다.

2. 창업의 계기와 배경

운동선수에서 외식업 창업으로
- 코로나19가 가져온 삶의 전환

 저는 운동선수 출신으로, 은퇴 후에는 수영 코치로 아이들을 가르치는 일을 했습니다. 그 시절에는 체육관에서 아이들과 함께하며 성장을 지켜보는 것이 제 인생의 목표라고 생각했습니다. 하지만 2020년 코로나19 팬데믹은 모든 계획을 뒤흔들어 놓았습니다. 사회적 거리두기와 방역 조치로 체육관과 수영장은 폐쇄되었고, 일하던 곳도 문을 닫으면서 제 직업도 한순간에 사라졌습니다. 예상치 못한 위기는 저뿐만 아니라 주변 동료 코치들과 체육업계 종사자들에게도 큰 타격을 입혔습니다.

한동안 집에서 막막하게 시간을 보내며 앞으로 무엇을 해야 할지 깊은 고민에 빠졌습니다. '이 상황을 어떻게 극복해야 할까?'라는 생각에 머릿속이 복잡했습니다. 수영장과 체육관이 언제 다시 열릴지 모르는 상황에서, 무작정 기다릴 수는 없었습니다. 그러던 중 부모님께서 운영하시던 '금문왕손짜장'에서 일했던 경험이 떠올랐습니다. 저는 그곳에서 주방 일을 돕고 음식점 운영에 필요한 기본기를 익혔습니다. 하지만 부모님의 가게를 이어받기보다는 새로운 도전을 하고 싶었습니다.

당시 제게 남은 선택지는 많지 않았습니다. 그러던 중, 마침 상주에서 매물로 나온 가게를 발견하게 되었습니다. 처음에는 외식업 창업이 과연 나에게 맞는 일인지 확신할 수 없었지만, 만당을 인수하는 것이 위기를 돌파할 새로운 기회가 될 수 있겠다는 생각이 들었습니다. 운동선수 시절 단련된 도전 정신과 끈기를 발휘해 보기로 결심했습니다. 그렇게 2020년 9월, 만당 인수라는 새로운 길로 들어섰습니다.

외식업은 체육계와는 완전히 다른 세계였습니다. 가게를 인수하고 나니 현실은 생각보다 훨씬 어려웠습니다. 주방과 홀을 효율적으로 운영하는 것은 물론, 고객들의 다양한 요구를 파악하는 능력도 중요했습니다. 특히 저는 경상도 특유의 무뚝뚝한 서비스 문화를 개선하는 데 주력했습니다. 부모님 가게에서 일할 때도 느꼈지만, 외식업에서 중요한 것은 음식의 맛뿐 아니라 손님에게 다가가는 태도였습니다. 만당에서는 단순한 음식을 넘어 친절과 소통을 바탕으로 한 차별화된 경험을 제공하고자 했습니다.

창업 초기에는 매장 운영과 손님 응대 모두 쉽지 않았습니다. 예상치 못한 문제들이 계속 발생했고, 하나씩 해결해 나가는 과정에서 많은 것을 배웠습니다. 특히 코로나로 인해 홀 영업만으로는 매출을 끌어올리기 어려웠기 때문에, 배달과 포장 서비스를 강화해야 했습니다.

이 외에도 가게 운영 과정에서 직원들과 협업도 중요한 과제였습니다. 처음에는 저의 방식에 대해 직원들의 반발이 있었지만, 저는 직원들과 직접 일하며 신뢰를 쌓아 갔습니다. 서비스 철학을 바꾸는 일은 결코 쉬운 일이 아니었습니다. 하지만 손님을 친절하게 맞이하는 작은 변화가 매출 상승으로 이어지는 것을 직원들이 체감하면서, 매장 분위기도 점차 긍정적으로 바뀌기 시작했습니다.

물론 도중에 포기하고 싶은 순간도 있었습니다. 하지만 저는 운동선수 시절의 경험에서 절대 포기하지 않는 자세를 배웠고, 이 정신이 외식업 경영에서도 큰 힘이 되었습니다. 매일같이 새로운 문제에 부딪히면서도 해결책을 찾아 나갔고, 이 과정에서 가게는 조금씩 성장했습니다. 이렇게 만당은 저에게 단순한 사업체가 아닌, 새로운 도전을 통해 자신을 단련하는 무대가 되었습니다.

코로나19는 저에게 많은 것을 바꾸어 놓았지만, 동시에 새로운 길을 제시해 주기도 했습니다. 만당을 운영하며 배운 것은 단순한 매출 이상의 의미였습니다. 손님들과 소통과 직원들과 협력이 만들어 내는 가치는 제가 예상했던 것 이상이었습니다. 만당을 통해 저는 외식업이 단순히 음식을 파는 일을 넘어, 사람들의 일상에 긍정적인 영향을 미치는 일이라는 것을 깨달았습니다.

이처럼 만당을 시작하게 된 배경에는 위기를 기회로 바꾸려는 도전 정신과 새로운 가능성에 대한 열망이 있었습니다. 외식업은 전혀 예상하지 못한 경로였지만, 지금 돌이켜보면 코로나라는 위기가 없었다면 만당과 인연도 없었을 것입니다. 이 경험은 저에게 새로운 길을 개척할 용기와 앞으로 나아갈 동력을 제공했습니다.

가업을 잇는 과정에서 느낀 책임감과 불안

 제가 외식업에 발을 들여놓게 된 과정은 단순한 선택이 아니었습니다. 부모님께서 운영하시던 '금문왕손짜장'은 어린 시절부터 익숙한 공간이었습니다. 부모님은 이 가게를 통해 가정을 꾸려 오셨고, 가게에는 부모님의 피와 땀이 녹아 있었습니다. 그런 부모님을 보며 저는 어릴 때부터 외식업에 대한 경외심과 동시에 무거운 책임감을 느꼈습니다.

 그리고 생각보다 장사가 늘 잘되는 건 아니다 보니 외식업을 직접 운영하겠다는 결심은 쉽지 않았습니다. 코로나19가 터지면서 부모님도 어려움을 겪으셨고, 많은 자영업자들이 폐업의 문턱을 넘나드는 시기였습니다. 그러다 보니 저도 외식업 창업을 한다는 것은 결코 쉬운 선택은 아니었습니다.

　부모님은 제가 만당을 인수할 당시, 외식업의 어려움을 여러 번 강조하셨습니다. 오랜 경험에서 우러나온 충고였지만, 그 말을 들을수록 운동선수 시절의 끈기와 도전의식이 생기기 시작했습니다. 운동선수와 코치로 살아온 제가 과연 외식업이라는 낯선 분야에서 성공할 수 있을지 스스로도 확신할 수 없는 부분도 있었지만 저는 할 수 있다는 생각을 더 많이 하게 되었습니다. 하지만 부모님 입장에서는 중식당을 운영하는 것도 어려운데 코로나19로 힘든 시기에 식당 창업은 한다고 하니 많은 걱정이 되셨던 것 같습니다.

　그렇게 시작된 외식업 창업을 하고 직접 운영을 하다 보니 그 부담감은 예상보다 훨씬 컸습니다. 무엇보다 주변 사람들의 기대와 우려가 섞인 시선도 부담스러웠습니다. "왜 굳이 이 어려운 시기에 외식업을 하려 하냐"는 질문이 반복될 때마다 제 결심이 옳은 것인지 계속 의문이 들기도 했습니다. 하지만 만당의 창업은 부모님이 가업으로 이어 온 중식당을 물려받는 게 아니라 그 경험을 발판 삼아 새로운 저의 도전이라는 생각으로 최선을 다했던 것 같습니다.

　가업을 이어받는다는 것은 단순한 사업 승계가 아니었습니다. 저는 부모님이 운영해 오셨던 '금문왕손짜장'을 승계하는 것이 아닌, 새로운 매장 '만당'을 운영하기로 결정했습니다. 기존의 명성을 지키면서도 새로운 시대에 맞는 변화를 만들어 내는 것이 중요했습니다. 기존 '만당'이 구축해 온 전통을 해치지 않으면서도, 코로나 시대에 맞는 차별화된 운영 방식을 도입해야 한다는 것이 제게 가장 큰 과제였습니다. 기존 단골들은 젊은 사장인 제가 가게를 맡는 것에 대해 반신반의했고, 조금이라도 기존과 다른 변화가 있으면 곧바로 불만을 표현하곤 했습니다.

가장 힘들었던 부분은 직원들과 관계였습니다. 인수 전 대표와 오랜 시간 함께 일해 온 직원들은 저를 외부인으로 인식하고 있었기 때문에 경영자로서의 권위를 세우는 일이 쉽지 않았습니다. 동시에 오랫동안 함께 일해 온 이들을 존중하면서도, 새로운 경영 방식을 도입해야 하는 이중의 부담이 있었습니다. 직원들은 제 변화 시도에 대해 "젊은 사장이 뭘 아느냐"는 반응을 보이기도 했지만, 저는 포기하지 않고 직접 몸으로 부딪히며 신뢰를 쌓아 가는 것을 선택했습니다. 누구보다 일찍 매장의 문을 열고 청소를 하고 손님을 맞을 준비를 했고 가장 마지막에 매장의 문을 닫는 일을 했습니다. 직원들도 꺼리는 일은 늘 솔선수범하다 보니 직원들은 점차 저를 사장으로 인정하게 되었습니다. 그래서 깨닫게 된 것은 월급을 주는 사람이 사장이 아니고 직원들에게 본이 되고 그들이 인정하는 리더가 되어야 하다는 것을 알게 되었습니다.

그렇게 만당을 운영하면서 제가 느낀 또 다른 어려움은 경영자로서의 고독함이었습니다. 외식업은 생각보다 훨씬 더 복잡한 일이 많았습니다. 재료 관리와 손님 응대, 매출 분석, 마케팅, 프로모션 기획까지 모든 과정을 스스로 익혀야 했고, 어느 하나 소홀히 할 수 없었습니다. 매일 밤이 되면 지출과 매출을 정리하며 앞으로의 전략을 고민해야 했습니다. 때로는 부모님께 도움을 요청하고 싶었지만, 부모님의 방식과 제 방식이 다르다는 것을 알았기에 스스로 해결하려 했습니다.

하지만 이런 부담감 속에서도 저는 포기하지 않겠다는 다짐을 되새겼습니다. 운동선수 시절, 목표를 이루기 위해 끝없이 반복 훈련을 견뎌 낸 경험이 저를 지탱해 주었습니다. 외식업도 결국 꾸준한 노력과 인내가 필요하다는 것을 깨달았습니다. 문제를 하나하나 해결해 나가면서 저는 점차 경영자로서의 자신감을 쌓아 갈 수 있었습니다. 그리고 부모님도 제가 점차 성장하는 모습을 보며 응원해 주기 시작하셨습니다.

무엇보다, 저는 이 가게를 단순한 생계 수단이 아닌 제 인생의 새로운 도전으로 바라보기 시작했습니다. 외식업에서의 성공이 단순한 매출 증가가 아니라, 부모님의 가업을 나만의 스타일로 지키고 발전시키는 일이라는 것을 깨달았을 때 비로소 진정한 책임감이 생겼습니다. 그리고 이 책임감은 불안감을 극복할 수 있는 원동력이 되었습니다.

  저는 외식업이라는 새로운 무대에서 끊임없이 배우고 도전하며, 만당을 더 나은 방향으로 성장시키기 위해 노력하고 있습니다. 가업을 잇는다는 것은 단순히 부모님의 방식을 답습하는 것이 아니라, 그들의 노력을 존중하면서 새로운 시대에 맞게 발전시키는 일이라는 것을 이 경험을 통해 배웠습니다.

3. 초기 경영의 도전과 돌파구

첫 번째 결단 - 만당을 이어받다

　2020년 9월, 만당을 인수한 것은 제 인생에서 가장 큰 결단이었습니다. 지금 생각해 봐도 참 무모할 정도로 위험한 선택이었지만 지금까지 살아오면서 가장 잘한 선택이었다고 생각합니다. 운동선수 출신이자 수영 코치로 활동해 온 제가 외식업에 발을 들이는 것은 쉽지 않은 결정이었습니다. 그러나 코로나19로 수영장이 문을 닫으면서 더 이상 물러설 곳이 없었습니다. 부모님의 가게에서 배운 경험과 운동선수로서의 도전 정신을 믿고 만당을 창업하기로 결심했습니다.

만당을 인수할 당시 매장의 상황은 생각보다 심각했습니다. 매장을 인수하자마자 갑작스레 닥쳐 온 코로나로 인해 홀 손님은 급격히 줄어들었습니다. 처음 몇 주 동안은 운영 방향을 잡는 것조차 어려웠습니다. 외식업에 대한 경험이 부족했던 저는 '무엇부터 손대야 할까?' 하는 고민에 빠졌고, 그저 버티기만 하던 날들이 이어졌습니다.

하지만 저는 현실에 좌절하지 않고 돌파구를 찾기 위해 노력했습니다. 첫 번째 결단은 기존의 운영 방식을 그대로 답습하지 않고 새로운 전략을 도입하는 것이었습니다. 코로나라는 특수한 상황 속에서 홀 영업만으로는 매출을 유지하기 어려웠기 때문에, 배달과 포장 서비스를 강화하는 데 주력했습니다. 이와 함께 사람들의 시선을 끌 수 있는 독창적인 마케팅이 필요하다는 판단이 들었습니다.

그래서 시작한 것이 바로 현수막 마케팅입니다. 매주 금요일 저녁마다 상주시 곳곳에 현수막을 직접 걸고, 월요일 새벽에 단속이 나오기 전에 걷는 '게릴라 마케팅'을 실행했습니다. "제발 샤워하고 배달시키세요! 라면 물 끓으면 도착!"과 같은 문구는 빠른 배달 서비스를 강조하는 동시에 유머러스한 접근으로 고객들의 이목을 끌었습니다. 이런 창의적인 마케팅 전략은 예상보다 큰 반응을 불러일으켰고, 만당의 이름을 빠르게 알리는 데 기여했습니다.

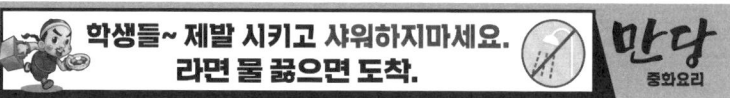

초기 경영에서 가장 어려웠던 부분 중 하나는 손님들의 신뢰를 회복하는 일이었습니다. 매출이 낮아진 상황에서는 단골손님들의 방문도 줄어들고, 가게에 대한 평판 역시 떨어질 수밖에 없었습니다. 이에 저는 가게의 이미지와 서비스를 새롭게 정비하기로 했습니다. 경상도 특유의 무뚝뚝한 서비스를 개선하는 것을 목표로 삼고, 모든 직원이 고객에게 더 친절하고 접객서비스를 제공할 수 있도록 교육을 시작했습니다.

처음에는 직원들의 반발도 적지 않았습니다. 오랫동안 유지해 온 방식에 익숙한 직원들이 왜 굳이 새로운 변화를 시도해야 하느냐며 불만을 표출했습니다. 그러나 저는 직접 앞장서서 손님을 맞이하며 솔선수범했고, 시간이 지나면서 직원들도 변화를 받아들이기 시작했습니다. 작은 변화였지만, 손님들이 '서비스가 좋아졌다'는 피드백을 주기 시작하면서 매장 분위기가 점차 좋아졌습니다.

또한, 초기에는 재고 관리와 비용 절감도 큰 도전이었습니다. 기존에는 주방에서 재료 사용이 체계적이지 않아 불필요한 낭비가 발생하는 경우가 많았습니다. 저는 주방장과 협의해 재고를 정확히 관리하고, 사용량을 기록하는 시스템을 도입했습니다. 이렇게 운영 효율을 높인 덕분에 비용을 절감할 수 있었고, 적은 매출 속에서도 수익성을 유지할 수 있었습니다.

두 번째 결단은 메뉴의 효율화였습니다. 매장 데이터를 분석해 손님들이 찾지 않는 메뉴를 정리하고, 인기 메뉴에 집중하기로 했습니다. 특히 돌짜장과 돌짬뽕 같은 시그니처 메뉴를 강화해 만당만의 차별화를 꾀했습니다. 이러한 전략은 주방 운영을 간소화하는 동시에 손님들에게 더 나은 음식을 제공하는 효과를 가져왔습니다.

매출이 조금씩 회복되면서 저는 한 가지 중요한 사실을 깨달았습니다. 가게 운영에서 가장 중요한 것은 단순히 매출을 올리는 것이 아니라, 손님과 직원 모두가 만족할 수 있는 환경을 만드는 것이라는 점입니다. 직원들이 만족감을 느끼고 일할 때 손님들에게도 더 나은 서비스를 제공할 수 있다는 것을 경험했습니다.

만당을 운영하는 과정은 저에게 단순한 생존의 문제가 아니었습니다. 첫 번째 결단을 통해 얻은 교훈은 위기 속에서도 도전할 수 있는 용기와 변화에 대한 열린 자세였습니다. 초기의 어려움을 하나씩 극복하면서 저는 경영자로서 자신감을 쌓아 갔고, 만당은 점차 지역 사회에서 사랑받는 브랜드로 자리 잡기 시작했습니다.

'경상도 스타일' 서비스의 문제점과
이를 개선하기 위한 전략

초기 경영에서 직면한 가장 큰 문제 중 하나는 '경상도 스타일'의 서비스 문화였습니다. 경상도 사람들은 대체로 정이 많지만, 외부에서 보면 다소 무뚝뚝하고 불친절하게 느껴지는 경향이 있습니다. 만당을 처음 인수했을 때, 기존 손님들도 이러한 응대 방식에 익숙해 있었고, 오랫동안 같은 방식으로 운영되던 직원들은 변화의 필요성을 크게 느끼지 못했습니다. 하지만 저는 외식업에서 중요한 것은 단순한 음식의 맛뿐만 아니라 서비스의 질과 고객과 소통이라는 점을 확신하고 있었습니다.

특히 코로나19 이후 외식업에 대한 기대치는 더 높아졌습니다. 사람들이 직접 매장을 찾는 대신 배달과 포장을 선호하게 되면서, 매장에서의 고객 경험이 더욱 중요해진 것이었습니다. 저는 만당이 지속적으로 성장하기 위해서는 서비스의 질을 높여야 한다고 판단했습니다. 그러나 기존 직원들은 "굳이 이렇게까지 바꿀 필요가 있느냐"라는 반응을 보이며 저항했습니다. 그들에게는 무뚝뚝한 응대가 오랫동안 이어 온 자연스러운 방식이었기 때문에 변화에 대한 거부감이 컸습니다.

변화를 이끌어 내기 위해 제가 가장 먼저 선택한 전략은 직접 모범을 보이는 것이었습니다. 직원들과 같은 시간에 근무하며 손님들을 응대할 때마다 적극적으로 다가가 친절하게 인사하고, 고객의 불만에 귀 기울였습니다. 처음에는 직원들도 저를 이상하게 여겼지만, 시간이 지나면서 저의 방식이 손님들의 반응을 변화시키는 것을 직접 체감하게 되었습니다. 특히, 무뚝뚝한 응대 대신 따뜻한 인사와 배려를 경험한 손님들이 만족감을 표현하면서 직원들의 태도도 점차 바뀌기 시작했습니다.

　서비스 개선 과정에서 가장 기억에 남는 일은 한 직원과 대화였습니다. 그 직원은 손님들이 말이 통하지 않거나 요구가 많을 때 화를 내는 경우가 잦았습니다. 어느 날 영업이 끝난 후 그 직원과 진지하게 이야기를 나눴습니다. "손님들에게 우리는 그날의 중요한 한 끼일 수 있다. 설령 우리가 바쁘더라도, 손님은 우리의 사정을 모른다"라고 말하며, 고객의 입장에서 생각하는 서비스의 중요성을 설명했습니다. 이후 그 직원은 바쁜 상황에서도 웃음을 잃지 않고 천천히 일하기 시작했고, 서비스 태도에 큰 변화가 생겼습니다.

　또한, 서비스 매뉴얼을 체계적으로 정리해 고객 응대 방식을 표준화하기로 했습니다. 메뉴 설명부터 계산 마무리까지 직원들이 따라야 할 절차를 명확히 제시했습니다. 서비스의 질을 일정하게 유지하기 위해, "고객이 짜다고 하면 짠 것이다"라는 철학을 도입했습니다. 이 매뉴얼은 고객과 불필요한 논쟁을 피하고, 항상 고객의 목소리에 귀 기울이는 문화를 조성하는 데 중요한 역할을 했습니다.

이러한 노력 덕분에 손님들의 만족도가 눈에 띄게 높아졌습니다. 이전에는 직원들의 무뚝뚝한 응대에 불만을 품고 발길을 돌리는 손님이 많았지만, 이제는 친절한 응대와 세심한 배려 덕분에 재방문율이 꾸준히 증가했습니다. 고객들로부터 "서비스가 좋아졌다"는 평가를 듣는 순간, 직원들도 자신들의 노력이 결실을 맺고 있음을 깨닫게 되었습니다. 이러한 긍정적인 피드백은 매장 분위기를 더욱 활기차게 바꾸는 계기가 되었습니다.

　서비스 개선 과정에서 또 다른 도전은 배달 서비스의 품질 유지였습니다. 경상도의 무뚝뚝한 응대뿐 아니라, 배달 과정에서도 불만이 발생했기 때문입니다. 특히 면 요리의 경우, 배달 도중 불어 버려 품질이 떨어진다는 지적이 많았습니다. 이를 해결하기 위해 저는 면과 국물을 따로 포장하는 방식을 도입했습니다. 이러한 작은 변화가 고객 만족도를 높였고, 배달 리뷰에서도 긍정적인 반응을 이끌어 냈습니다.

　변화를 이끌어 내는 과정은 결코 쉽지 않았지만, 저는 꾸준한 소통과 직원 교육을 통해 점차 가게의 문화를 바꾸어 나갔습니다. 서비스 개선 이후 손님들로부터 "여기는 친절해서 오고 싶다"는 피드백을 받을 때마다 저는 우리가 가고 있는 방향이 옳다는 확신을 가질 수 있었습니다. 이러한 성과는 단순히 매출 상승으로만 이어진 것이 아니라, 직원들에게도 보람과 동기를 부여했습니다.

결국, 만당이 기존의 '경상도 스타일'을 극복하고 더 나은 서비스 문화를 구축할 수 있었던 원동력은 변화를 두려워하지 않는 열린 자세와 직원들과의 협력이었습니다. 단순한 음식 판매가 아니라, 고객의 마음을 움직이는 경험을 제공하는 것이 외식업의 핵심이라는 점을 깨닫게 된 것이었습니다. 이러한 서비스 철학은 이후 만당의 성장과 성공을 이끄는 중요한 기반이 되었습니다.

만당의 서비스 개선 전략은 단순한 응대 방식을 바꾸는 것에 그치지 않고, 고객 중심의 문화를 정착시키는 데 중점을 두었습니다. 저는 직원들에게 항상 강조합니다. "손님이 느끼는 감정이 곧 우리가 제공하는 서비스의 품질이다." 이 철학을 바탕으로, 만당은 매일 더 나은 고객 경험을 제공하기 위해 노력하고 있습니다.

4. 직원과 함께한 변화

직원들의 저항과 설득 - 새로운 서비스 철학을 심다

만당을 운영하면서 가장 어려웠던 일 중 하나는 기존 직원들과의 갈등과 그들을 변화시켜 가는 과정이었습니다. 제가 외식업에 처음 도전하면서 중요하게 여긴 목표 중 하나는 '서비스 철학의 변화'였습니다. 기존의 경상도식 무뚝뚝한 서비스에서 벗어나 고객 친화적인 응대와 배려 있는 서비스를 정착시키고자 했습니다. 그러나 이 변화는 직원들에게 큰 혼란을 불러일으켰습니다. "굳이 왜 이런 변화를 해야 하느냐"는 의문과 반발이 곳곳에서 터져 나왔습니다.

이들은 오랫동안 기존의 경상도 스타일의 서비스 방식과 매장 운영방식에 익숙해 있었습니다. 정해진 틀 안에서 움직이는 것이 편했고, 새로운 서비스 철학을 이해하기도 어려워했습니다. 일부 직원들은 새로운 방식을 시행하는 것 자체가 불필요하다고 느꼈고, 심지어는 "손님들에게 무뚝뚝한 게 오히려 편한데 왜 바꾸려 하느냐"라는 반응도 보였습니다. 저 역시 변화에 대한 반발이 이 정도로 강할 줄은 예상하지 못했습니다.

저는 이 문제를 해결하기 위해 직접 현장에서 직원들과 함께 일하기로 마음먹었습니다. 매일같이 직원들과 같은 시간에 근무하면서 손님을 맞이하는 모습을 보여 주었습니다. 제가 고객에게 적극적으로 인사하고 세심한 응대를 하는 모습을 직원들이 지켜보게 했습니다. 처음에는 다소 어색해하던 직원들도 점차 제 방식을 따라 하기 시작했습니다. 고객과의 소통에서 변화가 생기기 시작하자, 직원들도 조금씩 변화의 필요성을 느끼기 시작했습니다.

변화를 유도하는 과정에서 가장 기억에 남는 순간은 한 직원과 대화였습니다. 그 직원은 늘 바쁜 상황에서 짜증을 내거나 손님들과 불필요한 충돌을 빚는 일이 잦았습니다. 어느 날 영업이 끝난 뒤 그와 진지하게 대화를 나눴습니다. "손님들에게 우리는 여러 식당 중 하나일지 몰라도, 그 손님에게는 오늘이 아주 중요한 방문일 수 있다. 우리의 바쁜 사정을 손님은 모를 수 있다"라고 말하며, 고객의 관점에서 생각하는 것이 중요하다는 점을 설명했습니다. 그 대화를 계기로 그 직원의 태도가 크게 바뀌었고, 이후 그는 매장 내에서 가장 친절한 직원으로 거듭났습니다.

또한, 직원들이 변화에 쉽게 적응할 수 있도록 저는 작은 변화부터 차근차근 도입하기로 했습니다. 서비스 매뉴얼을 단계별로 나누어 설명하고, 매일 하나씩 새로운 규칙을 적용했습니다. 예를 들어, 처음에는 손님에게 인사를 건네는 간단한 규칙부터 시작하고, 그다음에는 손님의 불편함을 먼저 파악하는 방법을 가르쳤습니다. 작은 변화들이 쌓이면서 전체적인 서비스 수준이 점차 향상되었습니다.

이 과정에서 가장 중요한 것은 직원들과 끊임없는 소통과 피드백이었습니다. 직원들이 변화에 대한 의견을 자유롭게 말할 수 있는 환경을 만들었고, 그들의 불만과 제안을 적극적으로 수용했습니다. 예를 들어, 초기에는 일부 직원들이 인사 규칙에 대해 거부감을 보였지만, 반복적인 피드백 세션을 통해 왜 이러한 변화가 필요한지를 이해시키는 데 성공했습니다. 변화의 이유를 이해한 직원들은 오히려 적극적으로 서비스 개선에 참여하기 시작했습니다.

시간이 지나면서 이러한 변화는 손님들의 긍정적인 반응으로 이어졌습니다. 서비스가 개선되자 손님들의 재방문율이 높아졌고, 매장 내 분위기도 한층 밝아졌습니다. 처음에는 반발하던 직원들도 손님들에게 직접 칭찬을 받기 시작하면서 자신감을 얻었습니다. 특히 일부 직원들은 "서비스가 좋아졌다"는 말을 듣고 뿌듯함을 느끼며 변화의 중요성을 몸소 깨닫게 되었습니다.

서비스 철학의 변화는 단순히 매출 상승을 위한 도구가 아니었습니다. 저는 직원들이 일터에서 보람을 느끼고 즐겁게 일할 수 있는 환경을 만들고자 했습니다. 그래서 변화 과정에서 직원들의 의견을 최대한 존중하려고 노력했습니다. 각자의 성격과 장점을 고려해 역할을 배정하고, 그들이 맡은 일에 자부심을 느낄 수 있도록 격려했습니다.

이러한 변화의 여정 끝에 만당은 단순히 음식을 제공하는 곳이 아니라, 고객과 소통하며 신뢰를 쌓는 매장으로 거듭날 수 있었습니다. 직원들 역시 더 이상 변화에 저항하지 않고, 고객 만족을 최우선으로 하는 매장 문화를 자랑스럽게 여겼습니다. 이처럼 만당의 서비스 철학은 직원들과 긴 여정을 통해 뿌리내릴 수 있었습니다.

변화의 과정은 결코 쉽지 않았지만, 저는 이 경험을 통해 리더십의 본질은 함께 성장하는 것이라는 중요한 교훈을 얻었습니다. 단순한 지시가 아니라, 직접 보여 주고 소통하며 신뢰를 쌓아 가는 과정이 필요했습니다. 그리고 이 과정에서 저는 직원들과 함께 성장하며, 만당이 추구하는 서비스 철학을 정착시킬 수 있었습니다.

고객 중심의 서비스 매뉴얼 - 고객의 목소리를 경청하다

만당을 운영하면서 제가 가장 중요하게 여긴 것은 고객의 목소리에 귀 기울이는 것이었습니다. 외식업에서 단순히 맛있는 음식을 제공하는 것만으로는 충성고객을 만들 수 없다는 것을 알게 되었습니다. 저는 초기 경영 과정에서 겪은 시행착오를 통해, 만당이 지속적으로 성장하기 위해서는 고객이 무엇을 원하고 필요로 하는지 정확히 파악해야 한다는 것을 깨달았습니다.

만당을 운영하던 초기에는 고객 불만이 자주 제기되었습니다. 주된 불만은 음식의 맛과 간이 일정하지 않다는 것이었습니다. 중식 요리의 특성상 주방장들의 감각에 따라 맛이 달라질 때가 있었기 때문입니다. 저는 이 문제를 해결하기 위해 주방과 협의하여 모든 요리의 레시피를 체계적으로 정리했습니다. 백 번 이상의 요리 테스트를 거쳐 최적의 맛을 도출했고, 이를 표준화하여 매뉴얼에 반영했습니다.

또한, 고객의 불편함을 줄이기 위해 배달 프로세스를 개선했습니다. 초기에는 배달되는 면 요리가 도착할 때쯤 불어 버린다는 불만이 많았습니다. 이를 해결하기 위해 면과 국물을 따로 포장하는 방식을 도입했습니다. 이 작은 변화로 인해 배달 음식의 품질이 크게 개선되었고, 이후에는 "배달 음식인데도 맛이 좋다"는 긍정적인 피드백을 많이 받을 수 있었습니다.

이처럼 저는 고객의 피드백을 적극적으로 반영한 서비스 매뉴얼을 개발하기 시작했습니다. 매뉴얼에는 단순한 조리법뿐 아니라, 직원들의 고객 응대 방식까지 구체적으로 명시했습니다. 예를 들어, 손님이 음식이 짜다고 하면 무조건 인정하고 대처하는 방식을 매뉴얼에 포함시켰습니다. "고객이 짜다고 느끼면 그게 곧 짠 것이다"라는 철학은 불필요한 논쟁을 방지하고, 고객의 입장을 존중하는 문화를 만드는 데 큰 역할을 했습니다.

> 삼촌~손님이 왕인 데요? 만당.

매뉴얼 작성 과정에서는 직원들의 의견도 적극적으로 수렴했습니다. 현장에서 직접 손님들을 응대하는 직원들의 경험은 매우 중요한 참고자료가 되었습니다. 특히 바쁜 시간대에 손님들이 느끼는 불편 사항을 줄이기 위해 직원들과 협의하여 응대 속도와 대화 방식을 조정했습니다. 이렇게 직원들의 목소리를 반영한 매뉴얼은 현장에서 실제로 잘 적용될 수 있었고, 직원들도 매뉴얼을 더 자연스럽게 받아들였습니다.

고객 응대 매뉴얼의 핵심은 단순한 서비스 규정이 아니라, 고객과 소통을 강화하는 것이었습니다. 손님들이 불편함 없이 원하는 것을 표현할 수 있도록 분위기를 조성하는 것이 중요했습니다. 이를 위해 직원들에게 항상 손님의 표정과 말투를 주의 깊게 살피도록 교육했습니다. 손님이 불편한 기색을 보이기 전에 먼저 다가가 문제를 해결하는 것이 새로운 서비스의 목표였습니다.

매뉴얼에 따라 정기적인 피드백 시스템도 도입했습니다. 손님들에게 직접 피드백을 요청하거나 SNS 리뷰를 주기적으로 확인하여 개선해야 할 부분을 찾아냈습니다. 예를 들어, 손님들로부터 "음식은 좋은데 매장 분위기가 다소 딱딱하다"는 의견을 받은 후에는, 매장에 편안한 음악을 틀고 인테리어를 조금씩 바꾸기도 했습니다. 작은 변화였지만, 손님들이 편안함을 느끼는 데 큰 도움이 되었습니다.

이 과정에서 특히 기억에 남는 일은 한 번 방문한 손님이 제게 직접 피드백을 주었던 경험입니다. 그 손님은 음식 맛이 좋아 다시 방문했지만, 직원의 응대가 다소 어색했다고 말했습니다. 저는 그 피드백을 직원들과 공유하며, 그들이 고객 응대에 있어 스스로 개선할 부분을 찾도록 독려했습니다. 이렇게 열린 소통을 통해 직원들도 서비스 매뉴얼의 중요성을 깨닫고 자발적으로 참여하게 되었습니다.

 또한, 고객 불만을 단순한 문제로 여기지 않고, 긍정적인 변화의 기회로 삼는 문화를 정착시켰습니다. 매장 내에서 불만이 접수될 때마다 직원들이 스스로 해결 방안을 고민하고, 그 결과를 매뉴얼에 반영하도록 했습니다. 이를 통해 직원들은 단순히 지시를 따르는 것이 아니라, 매장의 발전 과정에 적극적으로 참여하게 되었습니다.

 결과적으로, 고객 중심의 서비스 매뉴얼은 만당의 경쟁력을 강화하는 중요한 요소가 되었습니다. 손님들의 의견을 바탕으로 지속적으로 매뉴얼을 개선하면서 매장 운영은 더 효율적이고 유연해졌습니다. 무엇보다 이러한 변화를 통해 고객 만족도를 크게 높아졌고, 만당을 다시 찾는 손님들이 점차 늘어나게 되었습니다. 이는 만당이 단순한 식당이 아니라 고객과 소통을 중시하는 브랜드로 자리 잡는 데 큰 기여를 했습니다.

 고객 중심의 서비스 매뉴얼을 통해 저는 고객의 목소리를 경청하는 것이 외식업에서 얼마나 중요한지 다시금 깨달았습니다. 이 매뉴얼은 단순한 운영 지침을 넘어, 고객과 직원 모두가 만족할 수 있는 매장 문화를 만드는 핵심 도구가 되었습니다. 앞으로도 저는 고객의 피드백을 소중히 여기며 만당의 서비스를 계속 발전시켜 나갈 것입니다.

2부

마케팅을 통한 새로운 바람

5. 현수막 마케팅의 성공과 교훈

샤워하고 배달시키세요
- 고객의 마음을 잡은 마케팅 사례

코로나19로 인한 불황 속에서 매출을 회복하기 위해 저는 기존과 다른 방법으로 고객의 마음을 사로잡아야 했습니다. 만당의 첫 번째 도전은 게릴라 현수막 마케팅이었습니다. 매주 금요일 저녁, 저는 직접 현수막을 들고 상주시 곳곳에 설치했습니다. 월요일 아침이 되면 시에서 단속을 나오기 때문에, 그 전에 빠르게 철거하는 방식으로 불법 단속을 피했습니다. 이렇게 전개된 게릴라 현수막 마케팅은 처음에는 단순한 홍보로 시작했지만, 예상치 못한 큰 반응을 불러일으켰습니다.

현수막에 사용된 문구는 다소 파격적이었습니다. "샤워하고 나서 배달시키세요!"라는 유머러스한 문구는 당시 지역사회에서 큰 화제가 되었습니다. 이 문구는 단순한 유머가 아니라, 배달이 얼마나 빠른지 강조하는 효과적인 마케팅 전략이었습니다. 배달 주문 후 고객들이 샤워하는 동안 배달원이 도착할 수 있다는 메시지를 통해 빠른 배달 속도를 직관적으로 전달했습니다.

사실 이 문구가 탄생한 배경에는 실제 고객들의 불편함이 있었습니다. 배달이 너무 빨라 샤워 중에 배달 기사를 맞이해야 했던 사례가 종종 발생한 것입니다. 이를 유머로 풀어낸 이 마케팅은 고객들에게 즐거움을 주었고, 자연스럽게 만당의 배달 서비스가 빠르고 정확하다는 인식을 심어 주었습니다. "라면 물을 끓이면 도착!" 같은 추가 문구도 사용하면서 신속한 배달의 강점을 강조했습니다.

이 현수막은 고객들 사이에서 빠르게 입소문이 났습니다. "샤워하고 배달시키세요"라는 문구를 본 사람들은 자연스럽게 만당을 검색하게 되었고, 이를 통해 매장의 인지도가 크게 높아졌습니다. 지역 커뮤니티와 SNS에서도 이 마케팅이 화제가 되면서, 바이럴 효과를 극대화했습니다. 한편으로는 이러한 마케팅 전략이 지역사회에 재미와 긍정적인 이미지를 심어 주어, 고객들이 매장에 대해 호감을 가지게 되었습니다.

이와 같은 게릴라 현수막 마케팅의 성공은 배달 주문 증가로 이어졌을 뿐만 아니라, 매장의 브랜드 이미지를 빠르게 확립하는 데도 큰 역할을 했습니다. 만당이 추구하는 유쾌하고 친근한 브랜드 정체성이 사람들의 기억에 깊이 남게 되었기 때문입니다. 사람들은 만당을 단순한 중국집이 아닌, 재미있는 경험을 제공하는 특별한 장소로 인식하기 시작했습니다.

하지만 현수막 마케팅이 처음부터 순탄했던 것은 아닙니다. 일부 직원들과 주변 사람들은 이런 파격적인 마케팅에 회의적인 반응을 보이기도 했습니다. "굳이 이런 유머를 써야 할까?"라며 조심스러워하는 의견도 있었습니다. 그러나 저는 이러한 전략이 고객과의 소통에 중요하다고 확신했고, 끝까지 밀어붙였습니다. 결국 이 결단은 옳은 선택이었고, 예상보다 훨씬 빠르게 매출이 회복되었습니다.

이 현수막 마케팅은 매출 증대 외에도 여러 가지 교훈을 남겼습니다. 무엇보다 고객과 소통하는 방식이 단순한 홍보를 넘어선다는 것을 깨달았습니다. 고객들은 단순히 배달 시간을 알고 싶어 하는 것이 아니라, 유쾌한 경험을 원하고 있었습니다. 이 경험을 통해 저는 마케팅이 단순한 판매 촉진 수단이 아니라, 고객과 관계를 구축하는 중요한 도구라는 사실을 배웠습니다.

또한, 이 마케팅을 통해 오프라인과 온라인을 연계한 홍보 전략의 중요성을 깨닫게 되었습니다. 현수막이 지역사회에서 입소문을 타면서 자연스럽게 SNS로 확산되었고, 온라인 리뷰에서도 긍정적인 반응을 얻게 되었습니다. 특히 지역 블로그와 커뮤니티에 소개되면서 고객 유입이 더욱 가속화되었습니다. 이러한 경험은 이후 만당의 마케팅 전략에서 오프라인과 온라인의 유기적 연결이 필수적이라는 교훈을 남겼습니다.

이 마케팅의 성공은 만당을 단순한 음식점이 아닌, 고객의 일상에 재미와 감동을 주는 브랜드로 자리 잡게 했습니다. 배달의 속도를 유머로 승화한 이 전략은 고객과 친밀감을 높였고, 매장에 대한 신뢰를 쌓는 계기가 되었습니다. 또한, 이 경험은 저에게 앞으로의 마케팅에서 고객의 입장에서 생각하고 공감할 수 있는 메시지를 전달하는 것이 중요하다는 것을 깨닫게 해 주었습니다.

결과적으로 "샤워하고 나서 배달시키세요"라는 현수막 마케팅은 위기를 기회로 바꾼 대표적인 사례가 되었습니다. 어려운 시기에 창의적인 접근으로 돌파구를 마련한 이 경험은 이후 만당의 성장 전략에 중요한 기반이 되었습니다. 고객의 마음을 움직이는 유머와 감성을 바탕으로, 만당은 이제 단순한 음식점이 아닌, 사람들에게 특별한 경험을 제공하는 브랜드로 자리 잡았습니다.

'ㅋㅋㅋㅋㅋ만당ㅋㅋㅋ' 현수막의 비밀

'ㅋㅋㅋㅋㅋ만당ㅋㅋㅋ'라는 현수막 마케팅은 단순한 광고가 아니라, 고객의 호기심을 자극한 유쾌한 전략이었습니다. 이 마케팅의 시작은 단순했습니다. 한눈에 보기에도 평범한 문구가 아니라, 반복된 'ㅋ' 글자로만 이루어진 독특한 문장을 통해 사람들의 이목을 끌고자 했습니다. 특히 당시 인터넷에서 유행하던 유머 코드와 짧은 메시지 형식을 차용해 만당만의 개성 있는 스타일을 구축했습니다.

　처음 현수막을 걸었을 때, 저는 사람들이 이 문구를 보고 어떤 반응을 보일지 궁금했습니다. 예상대로, 현수막을 본 사람들은 "이게 무슨 뜻이지?"라는 의문을 품으며 만당이라는 이름을 검색하기 시작했습니다. 이는 단순한 광고 효과를 넘어, 고객이 자발적으로 브랜드를 탐색하게 만든 성공적인 사례였습니다. 호기심은 곧 참여로 이어졌고, 자연스럽게 만당에 대한 관심이 확산되었습니다.

　특히 이 현수막은 지역 내에서 빠르게 입소문을 탔습니다. "ㅋㅋㅋㅋㅋ만당ㅋㅋㅋ"라는 반복된 웃음소리는 마치 인터넷 밈(meme)과 유사한 효과를 주었고, 가벼운 농담처럼 받아들여졌습니다. 지나가던 사람들이 현수막을 보며 웃음을 터뜨리기도 했고, 일부는 사진을 찍어 SNS에 공유하면서 자연스러운 바이럴 마케팅이 이루어졌습니다. 이렇게 유쾌한 방식은 사람들에게 강한 인상을 남겼고, 만당의 이름은 순식간에 퍼져 나갔습니다.

　이 마케팅의 핵심 성공 요인은 바로 고객의 자발적인 참여와 공유였습니다. 인터넷과 SNS가 중심이 된 현대 사회에서는 정보가 빠르게 확산되기 때문에, 사람들이 공유하고 싶은 콘텐츠를 제공하는 것이 중요합니다. 만당의 현수막은 고객들에게 웃음과 재미를 선사하며 그 자체로 하나의 콘텐츠가 되었습니다. 이렇게 고객들의 자발적인 참여가 이루어지면서 온라인과 오프라인이 유기적으로 연결되는 마케팅 효과를 가져왔습니다.

처음에는 직원들과 주변 사람들조차 이 마케팅 전략에 대해 회의적이었습니다. "과연 이런 유머가 효과가 있을까?"라는 반응이 많았고, 일부는 현수막의 내용이 가게의 이미지를 해칠 수

있다고 우려했습니다. 하지만 저는 고객의 호기심과 웃음을 이끌어 낼 수 있는 마케팅이 가장 강력한 무기라고 믿었습니다. 결국 이 전략은 성공적으로 자리 잡았고, 단기간에 매출을 끌어올리는 데 크게 기여했습니다.

이 마케팅의 또 다른 교훈은 단순한 메시지가 강력한 결과를 만든다는 점입니다. 복잡한 메시지나 긴 설명 대신, 짧고 간결한 문구가 사람들에게 더 강한 인상을 남길 수 있음을 깨달았습니다. "ㅋㅋㅋㅋㅋ만당ㅋㅋㅋ" 같은 짧은 현수막 문구는 스쳐 지나가는 사람들의 시선을 끌기에 충분했습니다. 이는 현수막의 목적이 단순히 정보를 전달하는 것이 아니라, 브랜드에 대한 관심을 유도하는 것이라는 점을 상기시켜 주었습니다.

이 경험을 통해 저는 브랜드와 고객 간의 소통에서 감정의 중요성을 다시 한번 깨달았습니다. 고객들은 단순한 정보를 넘어, 즐거움과 공감을 원합니다. 유쾌한 현수막 문구는 고객들의 감정을 자극하며, 그들이 만당과 긍정적인 관계를 맺게 하는 중요한 요소가 되었습니다. 이러한 경험은 이후 만당의 마케팅 전략에도 큰 영향을 미쳤습니다.

또한, 이 마케팅은 직원들에게도 긍정적인 변화를 불러일으켰습니다. 처음에는 마케팅 전략에 대한 회의적인 반응을 보였던 직원들이 점차 손님들의 유쾌한 반응을 보며 자신감을 갖게 되었습니다. 손님들이 매장을 방문해 "ㅋㅋㅋㅋㅋ만당ㅋㅋㅋ"라는 문구를 언급하며 웃음을 터뜨릴 때마다 직원들도 서비스에 대한 자부심을 느끼게 되었습니다. 이렇게 직원들과 고객 간의 유대감이 형성되면서 매장 분위기도 한층 더 밝아졌습니다.

만당의 현수막 마케팅은 단순한 이벤트가 아니라, 브랜드 정체성을 강화하는 계기가 되었습니다. 유머러스한 문구를 통해 사람들에게 만당의 이미지를 각인시키고, 고객들과 소통을 자연스럽게 이끌어 냈습니다. 이는 매장의 방문객 수를 늘리는 데 그치지 않고, 장기적인 고객 충성도를 높이는 데도 중요한 역할을 했습니다.

결과적으로, "ㅋㅋㅋㅋㅋ만당ㅋㅋㅋ" 현수막은 바이럴 마케팅의 성공적인 사례로 남았습니다. 이 경험을 통해 저는 마케팅에서 중요한 것은 단순한 광고가 아니라, 고객의 감정을 움직이고 자발적인 참여를 유도하는 것이라는 점을 배웠습니다. 앞으로도 만당은 이런 창의적인 접근을 바탕으로 고객과 소통을 강화해 나갈 것입니다.

6. 프로모션의 힘

임산부, 어린이, 유공자 할인의 성공 사례

외식업에서 고객층을 확대하고 충성도를 높이는 데 있어 프로모션은 중요한 역할을 합니다. 만당의 성장 과정에서도 프로모션 전략은 단순한 매출 상승 이상의 의미를 가졌습니다. 제가 직접 기획하고 진행한 임산부, 어린이, 그리고 국가유공자를 위한 프로모션은 고객들에게 큰 감동을 주며, 만당의 브랜드 이미지를 한층 더 강화해 주었던 기억이 납니다.

먼저, 임산부 할인은 '미래의 고객을 위한 작은 배려'라는 취지에서 시작했습니다. 고객들이 저희 매장을 단순히 식사하는 곳이 아닌, 그 이상의 가치가 있는 곳으로 느끼기를 바랐습니다. 임산부가 아이와 함께 매장을 방문하면 30% 할인을 제공하면서, 그들에게 특별한 관심을 기울였습니다. 무엇보다도 아동용 의자와 전용 공간을 마련해 방문하는 임산부 고객이 더 편안하게 식사할 수 있도록 세심한 부분까지 신경 썼습니다. 이런 노력이 입소문을 타면서, 임산부들 사이에서도 만당은 배려 깊은 식당으로 입지를 다지게 되었습니다. 매장을 찾은 고객분들이 이런 배려를 알아봐 주실 때마다 보람을 느꼈고, 그 반응이 저에게는 무엇보다 큰 동기부여가 되었습니다.

어린이날에는 모든 어린이를 동반한 가족에게 특별 할인을 제공했습니다. 이 프로모션 역시 부모님들이 아이와 함께 즐거운 식사 경험을 할 수 있도록 다양한 요소를 고려한 결과물이었습니다. 아이들에게는 색칠 놀이 도구와 함께 작은 선물을 준비했고, 이 작은 이벤트는 예상보다 더 큰 호응을 끌어냈습니다. 특히 아이들이 만당에 오면 반갑게 맞이해 주고 즐거운 시간을 보낼 수 있도록 했던 점이 부모님들의 마음을 사로잡았던 것 같습니다. 어느 부모님께서는 "이렇게 아이들을 배려해 주는 식당은 처음"이라며 고마움을 전하기도 했는데, 이 말이 마음에 남습니다. 저 역시 이 프로모션을 통해 단순한 식당을 넘어, 가족이 함께할 수 있는 따뜻한 공간으로 거듭나고자 했던 제 목표에 한 발 더 다가섰다고 느꼈습니다.

특히 기억에 남는 것은 국가유공자 할인이었습니다. 국가유공자분들이 가족과 함께 저희 매장을 방문하시고, 증명서를 보여 주시게 되면 30% 할인을 제공하여 진심 어린 감사의 마음을 전했습니다. 유공자분들께 감사 인사를 전하면서 그분들이 느끼는 자부심을 조금이라도 함께 나눌 수 있길 바랐습니다. 이 이벤트는 특히 가족 단위 방문을 많이 이끌어 냈는데, 그 이유는 아마도 저희가 단순히 할인을 제공하는 것에 그치지 않고, 유공자분들과 가족을 진심으로 대하려는 마음이 전달된 덕분이 아닌가 싶습니다. 감사 인사 한 마디를 전할 때마다 그분들의 따뜻한 반응을 볼 수 있었고, 그것이 곧 저희 매장에 대한 신뢰로 이어진다는 점을 새삼 느꼈습니다.

이러한 프로모션을 통해 고객 충성도가 확연히 강화되었다는 점도 큰 성과였습니다. 단순한 할인이 아닌 진정성을 담아 고객에게 다가가는 것이 결국 고객의 마음을 움직이게 된다는 사실을 체감했습니다. 예를 들어 국가유공자 할인이 진행되었던 기간에는 일부 고객들께서 이벤트 종료 후에도 저희 매장을 꾸준히 찾아 주셨습니다. 한 분은 "다른 곳에서도 이런 이벤트가 더 많아지면 좋겠어요"라며 저희에게 고마움을 표현해 주셨는데, 덕분에 저 역시 이 프로모션이 단순히 매출을 높이는 것이 아닌 사회적 책임을 다하는 방식이라는 생각을 하게 되었습니다.

세 가지 프로모션은 모두 할인율 그 자체보다 고객에게 의미와 감동을 줄 수 있는 접근 방식을 강조한 사례입니다. 이 과정을 통해 제가 얻은 가장 큰 교훈은 '단순한 가격 할인이 아니라

고객과 진심으로 소통하는 방법'이 필요하다는 것이었습니다. 고객에게 좋은 기억을 남기고자 하는 제 진심을 알아봐 주셨을 때, 만당은 단순한 외식업체를 넘어 지역 사회에 신뢰받는 장소로 자리매김할 수 있었습니다.

마지막으로, 이러한 프로모션이 단순한 이벤트가 아닌 고객을 향한 지속적인 관심으로 인식되도록 하기 위해 꾸준히 더 나은 아이디어를 구상해 나갈 계획입니다.

실패한 프로모션
- 예상과 다른 고객 반응과 그 속에서 얻은 교훈

외식업 경영에서 프로모션은 매출을 끌어올리고 브랜드를 알리는 데 효과적인 수단이지만, 방향성이 잘못되면 오히려 고객의 신뢰를 떨어뜨릴 수 있습니다. 만당을 운영하며 몇 차례 실패한 프로모션을 경험했고, 이를 통해 '단순한 할인보다 더 중요한 것은 고객의 진정한 만족과 감동을 자극하는 것'이라는 귀중한 교훈을 얻게 되었습니다.

가장 기억에 남는 실패 사례 중 하나는 '화목한 가정의 달'이라는 주제로 진행한 50% 할인 행사였습니다. 가족의 소중함을 되새기는 의미로 화요일과 목요일에 방문한 모든 고객에게 큰 할인 혜택을 제공했는데, 기대와는 달리 문제가 발생했습니다. 특정 요일에만 고객이 몰리면서 매장 운영이 과중해지고, 오히려 나머지 요일의 매출은 급격히 감소하게 된 것입니다. 매장을 찾는 손님들의 수가 예측할 수 없을 정도로 급증하다 보니 서비스 품질에도 영향을 미쳤고, 평소보다 더 바빠진 직원들은 지치고 피로감을 호소하기 시작했습니다. 더불어 주변 상가에서도 비슷한 할인 프로모션으로 손님을 빼앗긴다는 불만이 제기되면서 뜻밖의 외부 반발도 겪게 되었습니다.

이러한 실패를 통해 저는 단순히 가격을 낮추는 접근이 일시적으로는 매출을 올릴 수 있지만, 장기적으로는 매장 이미지와 고객 신뢰에 부정적 영향을 줄 수 있음을 깨달았습니다. 할인에 의존하면 고객들은 그저 '할인 때만 가는 곳'으로 매장을 인식하게 될 위험이 큽니다. 이를 통해 얻은 교훈은 '고객이 할인보다 더 가치 있게 느끼는 무언가를 제공해야 한다'는 것이었습니다. 이후 저는 프로모션 방향을 전환해, 단순히 가격을 낮추는 것이 아니라 고객에게 감동을 줄 수 있는 맞춤형 서비스를 추가하기 시작했습니다.

　실제로, 다양한 고객층을 위한 맞춤형 프로모션이 이 시점부터 시작되었습니다. 예를 들어, 임산부 고객에게는 특별한 좌석을 배정하고 유아용 식기와 소형 의자를 마련했으며, 어린이날에는 아이와 함께 온 가족이 즐길 수 있는 메뉴를 선보였습니다. 또한 국가유공자의 날에는 가족 단위로 혜택을 받을 수 있도록 하여 고객의 감동을 극대화했습니다. 특히 국가유공자 할인을 받은 고객이 식사 후 진심 어린 감사 인사를 전해 주며, 이 프로모션이 정말 뜻깊었다고 말했을 때 저 역시 큰 보람을 느꼈습니다. 이런 차별화된 서비스는 고객들의 재방문을 이끌어 내는 데 훨씬 긍정적인 영향을 미쳤습니다.

더 나아가 작은 디테일이 큰 차이를 만든다는 점도 실감했습니다. 대대적인 할인이 아니라, 아이들을 위한 작은 선물이나 유아용 앞치마를 제공하는 세심한 배려가 고객들에게 깊은 인상을 남긴 것입니다. 고객들에게 제공한 감동은 곧 매출과 충성도로 이어졌습니다. 고객들은 더 이상 만당을 단순한 할인 매장으로 인식하지 않았고, 오히려 작은 배려와 섬세한 서비스를 기억하며 재방문해 주셨습니다. 그 결과로 매장의 입소문은 더 널리 퍼졌고, 매출 상승에도 긍정적 영향을 미치게 되었습니다.

이렇게 실패했던 프로모션 경험은, 만당을 운영하는 데 있어서 매우 큰 전환점이 되었습니다. 가격 할인은 쉽고 빠른 방법처럼 보이지만, 고객이 정말 매력적으로 느끼는 것은 매장에서의 특별한 경험과 기억이라는 점을 다시금 깨달았습니다. 이후 만당의 프로모션은 고객이 '만당에서만 느낄 수 있는 가치'를 제공하는 방향으로 꾸준히 변화해 왔습니다.

7. 온라인으로의 전환

디지털 전환을 통한 고객 소통의 혁신

코로나19로 외식업 전반이 큰 타격을 받으면서 만당 역시 변화가 필요했습니다. 특히 고객과 소통 방식도 바꾸어야 했습니다. 그동안 오프라인 홍보와 현수막 마케팅에 집중했다면, 이제는 디지털 전환을 통해 더 많은 사람에게 만당의 이야기를 전할 필요가 있었습니다. 그래서 본격적으로 SNS와 블로그를 통한 홍보 전략을 시작하게 되었습니다.

SNS에서 가장 먼저 신경 쓴 부분은 고객과의 '실시간 소통'이었습니다. 메뉴나 매장 소식을 단순히 전달하는 것에 그치지 않고, 댓글이나 메시지로 들어오는 질문이나 피드백에 즉각적으로 답변해 드렸습니다. 한번은 SNS로 고객이 배달 주문 시 면 요리가 불어 버리는 문제를 제기해 주셨는데, 이 피드백을 바로 반영해 면과 국물을 따로 포장하는 방식을 도입했습니다. 이러한 신속한 응대는 온라인상에서 좋은 반응을 이끌어 냈고, 실제로 배달 만족도도 눈에 띄게 높아졌습니다.

블로그에서는 만당의 브랜드 스토리와 철학을 보다 깊이 있게 소개했습니다. 특히 제가 코로나19로 수영 코치 생활을 정리하고 외식업을 시작하게 된 배경, 그리고 매장을 운영하며 겪었던 경험들을 스토리텔링 방식으로 풀어냈습니다. 이러한 글을 읽고 많은 고객이 공감해 주었고, 만당을 단순한 식당이 아닌 '만당의 스토리텔링'으로 기억해 주시는 분들이 많아지게 되었습니다. 고객들과 감성적으로도 가까워지면서 매장에 대한 신뢰가 쌓이기 시작했고, 이는 SNS상에서의 공유와 리뷰로도 이어졌습니다.

SNS에서는 단순 정보 전달 외에도 소규모 이벤트를 진행해 고객 참여를 유도했습니다. 매장 후기를 공유해 주신 분들께 소정의 상품을 제공하거나, 특정 게시물에 댓글을 남기신 분들 중 추첨을 통해 할인 쿠폰을 제공하는 방식이었습니다. 이러한 소통과 이벤트는 고객들이 자연스럽게 만당을 자주 떠올리고, SNS 계정도 꾸준히 방문하게 만드는 효과가 있었습니다.

온라인 전환이 성공적이었던 또 다른 요인은 오프라인과 유기적으로 연결한 전략에 있습니다. 한 예로, SNS상에서 할인 이벤트를 먼저 공지하고 이를 통해 온라인으로 유입된 고객들이 실제로 매장을 방문하게 한 뒤, 추가 혜택을 제공하는 방식을 활용했습니다. 이러한 전략 덕분에 온라인에서의 관심이 매장 방문으로 이어지며 매출 상승에 직접적인 기여를 했습니다.

이제는 오프라인보다 온라인에서 먼저 소식을 접하고 방문해 주시는 분들이 많아졌습니다. SNS와 블로그 덕분에 고객층이 확장된 것은 물론, 단골손님들 또한 온라인에서 제공되는 정보를 통해 저희 매장을 더욱 자주 방문해 주시는 계기가 되었습니다. 디지털 세상에서 만당의 존재감을 확실히 자리 잡게 한 것이 큰 성과였습니다.

이와 같이 디지털 전환을 통해 만당의 고객층이 더욱 넓어졌습니다. 이전에는 오프라인 중심으로 매장을 알렸다면, 이제는 오히려 많은 고객이 온라인을 통해 만당을 먼저 접하고 방문해 주고 있습니다. 또한 단골 고객들 역시 SNS와 블로그를 통해 매장의 소식을 실시간으로 접하면서, 새로운 이벤트나 변경 사항에 빠르게 반응해 주시고 더 자주 방문하는 계기가 되었습니다.

| 아는 맛도 먹고 가라ㅋㅋㅋ | 만당 |

| 한끼 두끼 세끼 네끼 볶음밥! 볶음밥 |
| -만 당- |

| 등잔 밑이 혼자 먹기 좋다. 금강산도 십분 컷- |
| -만 당- |

3부

성공과 성장의 균형

8. 매출 급상승의 부작용과 해결책

예상치 못한 인력 문제와 해결 과정

매출이 급상승하면 그 자체로는 기쁜 일이지만, 예상치 못한 문제가 따라오기도 합니다. 2023년 여름 만당의 매출이 월 1억 원을 넘어서면서 매장은 손님들로 가득 찼고, 기쁜 마음으로 이 성장을 맞이했지만 동시에 큰 도전이 다가왔습니다. 매출이 급상승할수록 주방과 홀에서의 업무 강도는 더 높아졌고, 기존 인원인 주방 3명, 홀 3명으로는 매일 450~600만 원 이상의 매출을 처리하기 어려웠습니다.

매출 상승과 함께 직원들의 피로도도 높아졌습니다. 한 주방 직원은 "이전에는 일할 때 에너지가 넘쳤는데, 요즘은 피로감이 너무 커서 서비스 품질이 예전만 못하다"라며 어려움을 토로하기도 했습니다. 특히, 야간 영업을 새롭게 도입하면서 직원들의 피로가 극심해졌고, 불만도 생기기 시작했습니다. 저는 이 상황을 심각하게 받아들이고, 단순히 인력을 더 투입하는 대신 기존 직원들이 효율적으로 일할 수 있는 환경을 만들고자 했습니다.

먼저, 직원들에게 동기를 부여할 방안을 생각했습니다. 급격히 증가한 매출은 직원들 덕분이기에, 그 성과를 인정해 주고 보상하는 제도가 필요하다고 생각했습니다. 그래서 매출 목표를 초과 달성할 때마다 전 직원에게 보너스를 지급하는 방안을 도입했고, 성과에 따라 특별 휴무를 제공하여 재충전할 기회를 주었습니다. 이와 같은 보상 제도 덕분에 직원들의 사기가 올라가면서, 피로감 역시 이전보다 줄어들었습니다.

또한, 근무 환경을 개선하기 위한 작은 변화들을 추가했습니다. 바쁜 시간이 아닌 경우에는 근무 시간을 조정해 일찍 퇴근할 수 있도록 하였고, 주기적인 면담을 통해 직원들이 겪는 고충을 적극적으로 듣고 반영했습니다. 이 면담을 통해 직원들의 생각을 알 수 있었고, 그들의 의견을 반영하여 근무 환경을 점차 개선할 수 있었습니다. 이러한 소통은 직원들의 이직률을 낮추고, 매장의 안정적 운영에도 기여했습니다.

동시에, 저는 직원들의 업무 효율성을 높이기 위해 교육과 역할 분담을 체계화하는 데도 집중했습니다. 주방에서는 메뉴 준비와 요리 과정에서 동선을 최적화해 요리 시간을 단축했고, 홀에서는 손님이 몰리는 시간대마다 직원들이 서로의 역할을 교대하며 효율적으로 업무를 처리하도록 했습니다. 이로써 직원들은 같은 시간 동안 더 많은 고객을 응대할 수 있게 되었고, 피로감도 줄어드는 효과가 있었습니다.

또한, 야간 영업 도입을 통해 일 매출 80만 원 이상을 추가로 달성하는 성과도 있었지만, 결국 직원들의 피로가 누적되면서 10시까지로 운영 시간을 줄였습니다. 이 조정이 직원들 사이에서 긍정적으로 받아들여졌고, 그 결과 업무 성과와 만족도도 안정세를 되찾았습니다. 이런 변화는 단순한 매출 상승을 넘어서, 매장의 지속 가능한 성장을 위한 중요한 선택이었습니다.

저는 이 경험을 통해 깨달은 바가 큽니다. 매출 상승은 직원들에게 더 많은 일거리와 부담을 안겨 줄 수밖에 없었고, 그 부담을 줄이기 위한 전략적 접근이 필수적이라는 점입니다. 저는 "성장은 단순히 매출의 증가만을 의미하지 않는다"라고 말하고 싶습니다. 매장의 성장은 인력 관리와 직원 만족도를 어떻게 높일 것인지에 대한 깊은 고민이 수반되어야 했습니다.

이 경험은 이후 만당의 확장을 고려할 때에도 중요한 기준이 되었습니다. 인력을 단순히 늘리기보다, 기존 직원들의 만족도를 높이고 그들이 효율적으로 일할 수 있는 환경을 만드는 것이 더 나은 성과를 낼 수 있는 길이라는 점을 배웠습니다. 직원 한 명, 한 명이 매장의 성장에 얼마나 큰 기여를 하는지 깨달았고, 그들과 신뢰를 쌓아 가는 것이 매장의 발전을 위한 필수 요소임을 다시금 실감했습니다.

결국, 예상치 못한 인력 문제는 저에게 중요한 교훈을 안겨 주었습니다. 이 경험을 통해 급성장의 부작용을 효과적으로 해결할 수 있었고, 그 과정에서 매장 운영에 대한 새로운 시각을 가지게 되었습니다. 앞으로도 직원들과 소통하며 그들의 의견을 반영해 더 나은 근무 환경을 만들고, 지속 가능한 성장을 추구하는 매장을 만들어 나갈 계획입니다.

매출 1억 달성 이후의 서비스 품질 관리

만당은 월 매출 1억을 달성한 후, 예상치 못한 부작용을 겪었습니다. 매출이 급상승하면서 고객의 유입이 폭발적으로 늘어났고, 그로 인해 매장 내부 운영과 서비스에 문제가 발생하기 시작했습니다. 가장 눈에 띄었던 문제는 바로 서비스 품질의 일관성이었습니다. 급증한 방문객 수에 비해 인력이 부족해지자 고객 응대나 음식 제공 시간이 지연되는 일이 빈번해졌고, 고객 불만이 점차 누적되었습니다.

이 시점에서 제가 가장 먼저 한 일은 서비스 매뉴얼을 재정비하는 것이었습니다. 기존의 무뚝뚝한 응대 방식에서 벗어나 고객에게 따뜻한 인사를 건네고, 고객의 요구에 민감하게 대응하는 새로운 매뉴얼을 만들어 직원들에게 교육하기 시작했습니다. 서비스의 질을 높이기 위해 고객의 목소리에 더 귀 기울이는 것이 중요하다는 점을 직원들에게 강조했습니다. 이를 통해 고객이 어떤 점에 만족하고, 또 어떤 점에서 불편을 느끼는지 명확히 파악할 수 있었습니다.

그럼에도 불구하고 직원들이 변화에 적응하는 과정은 쉽지 않았습니다. 기존 직원들은 새로운 서비스 방식에 대해 "굳이 이렇게까지 해야 하느냐"라는 반응을 보이며 저항하기도 했습니다. 이를 해결하기 위해 저는 직원들과 소통을 강화하며 매장의 철학을 설명하는 시간을 가졌습니다. 직원들에게는 매출 상승이 단지 돈이 아닌, 고객에게 더 나은 경험을 제공하는 것이란 점을 이해시키려 했습니다. 그 결과, 직원들 또한 변화를 긍정적으로 수용하게 되었고, 고객 친화적인 서비스 태도로 점차 전환되었습니다.

또한, 만당의 서비스 품질을 일정하게 유지하기 위해 고객 피드백 시스템을 도입했습니다. 고객이 남긴 피드백을 수집해 문제의 원인을 파악하고, 재발 방지를 위한 개선점을 찾아 매뉴얼에 반영하는 프로세스를 구축했습니다. 이 시스템을 통해 매장 운영 상황을 실시간으로 모니터링하며 고객의 의견을 즉각 반영할 수 있었고, 직원들도 고객의 피드백을 기반으로 자발적으로 서비스 개선에 참여하게 되었습니다.

매출 급상승에 따라 생긴 또 다른 문제는 직원들의 피로도 증가와 이로 인한 서비스 품질 저하였습니다. 그래서 직원들의 사기를 높이기 위해 보너스 및 인센티브 제도를 도입했습니다. 그러나 보상 체계만으로는 장기적인 동기 부여가 부족하다는 것을 깨닫고, 자발적인 동기 부여 전략을 시도했습니다. 고객의 칭찬과 피드백을 매장 내에서 공유하며 직원들이 자신의 서비스가 인정받는다는 성취감을 느낄 수 있게 했습니다. 이러한 작은 변화들은 직원들의 사기를 높이고, 서비스 품질 유지에 큰 도움이 되었습니다.

마지막으로, 직원 교육을 강화하고 서비스 마인드를 다지는 문화도 함께 만들었습니다. 고객의 불만을 단순히 문제로 여기지 않고, 변화의 기회로 삼자는 철학을 공유하면서 직원들의 자발적인 참여를 이끌어 냈습니다. 고객이 경험하는 작은 불편도 신속하게 해결함으로써 만당의 서비스 철학을 더욱 견고하게 다져 나갔습니다. 이를 통해 직원들은 고객 만족을 최우선으로 여기며, 매장을 고객과 소통하는 공간으로 여기는 마음가짐을 가지게 되었습니다.

이러한 서비스 개선 노력 덕분에 만당은 단순히 매출만 높은 가게가 아닌, 고객에게 진정으로 가치를 제공하는 브랜드로 자리 잡았습니다.

9. 프랜차이즈 확장의 도전

2호점의 출발과 운영 전략

만당 1호점이 성공적으로 자리 잡으며 매출이 상승하고 고객들이 늘어났지만, 혼자서 모든 고객의 기대를 만족시키기에는 한계가 있었습니다. 특히 월 매출 1억 원을 넘기며 매장이 더욱 바빠지자, 손님들이 저희 가게를 찾는 이유도 다양해졌다는 걸 깨닫게 되었습니다. 그래서 보다 차별화된 고객 경험을 제공하기 위해 2호점을 열게 되었고, 2호점을 통해 프랜차이즈 확장 가능성도 탐구하고자 했습니다.

2호점의 가장 큰 전략은 바로 1호점과의 차별화였습니다. 1호점은 부담 없이 방문해 맛있는 중식을 즐길 수 있는 캐주얼한 분위기였다면, 2호점은 한층 고급스러운 느낌을 강조하여 특별한 날을 기념하거나 고급스러운 중식을 원하는 고객층을 타깃으로 삼았습니다. 저는 이 매장이 1호점과는 완전히 다른 목적과 분위기를 지니길 원했고, 이를 위해 메뉴 구성부터 인테리어, 서비스 방식까지 세부적인 부분을 차별화하는 데 주력했습니다.

2호점의 핵심 메뉴 전략은 기존 1호점의 대중적 메뉴와는 달리 시그니처 요리를 중심으로 하는 것이었습니다. 특히 '돌짜장'과 '돌짬뽕' 같은 독창적이고 고급스러운 메뉴를 개발하여, 기존 중식에서 느끼기 어려웠던 차별화된 요리 경험을 제공하려 했습니다. 이 메뉴들은 고객들 사이에서 좋은 반응을 얻었고, 덕분에 2호점은 개점 첫 달부터 고객들의 높은 관심과 방문을 이끌어 낼 수 있었습니다.

인테리어도 2호점의 차별화 포인트 중 하나였습니다. 1호점이 밝고 편안한 분위기를 중시했다면, 2호점은 중국 전통 스타일을 현대적으로 재해석하여 세련되고 고급스러운 분위기를 구

현했습니다. 오픈 초기부터 "이곳이 상주 맞나요?"라는 반응이 많았고, 덕분에 마치 여행지에서 즐기는 듯한 느낌을 고객들에게 제공할 수 있었습니다. 이 인테리어와 분위기가 입소문을 타면서 단순히 맛을 즐기기 위해서가 아닌, '특별한 장소'로 자리매김할 수 있었던 것 같습니다.

서비스 방식에서도 1호점과 2호점은 차별화를 두었습니다. 1호점은 바쁜 일상 속에서 빠르고 간편한 식사를 원하는 고객들을 위해 신속한 서비스와 회전율을 중시했습니다. 반면, 2호점은 프리미엄 매장에 맞춰 웰컴 드링크와 디저트를 제공하며 고객을 맞이하는 등 차별화된 고객 경험을 제공했습니다. 이처럼 맞춤형 서비스와 세심한 배려는 2호점 방문 고객들에게 '특별한 대우를 받는다'는 느낌을 주었고, 이는 만족도 향상에 큰 역할을 했습니다.

 초기 고객 유입을 위한 홍보 전략으로는 SNS와 리뷰 이벤트를 활용했습니다. 오픈 초반, 네이버 플레이스 같은 플랫폼에서 체험단을 모집해 초기 리뷰를 통해 매장이 입소문을 타게 했고, 체험단 후기가 올라오면서 매장의 검색 노출도가 높아졌습니다. 이런 전략 덕분에 2호점은 지역에서 빠르게 주목받을 수 있었고, 오픈 첫 달에 5천만 원의 매출을 달성할 수 있었습니다.

 2호점은 또 1호점 운영 개선에도 긍정적 영향을 미쳤습니다. 2호점에 집중하다 보니 자연스럽게 1호점 직원들 사이에서 업무 강도가 증가해 불만이 생기기 시작했습니다. 이를 해결하기 위해 메뉴를 간소화하고 업무 효율성을 높이는 방식으로 운영 방식을 개선했고, 의외로 이 변화가 매출 상승으로 이어졌습니다. 메뉴가 단순화되면서 손님들에게 더 빠른 서비스를 제공할 수 있었고, 이 경험을 통해 향후 프랜차이즈 확장 시 각 매장을 효과적으로 관리할 수 있는 방법에 대한 아이디어도 얻게 되었습니다.

이후 2호점이 자리 잡으면서 프랜차이즈 확장의 가능성에 대한 고민도 커졌습니다. 성공적인 확장을 위해 각 매장의 정체성을 분명히 하면서도 일관된 브랜드 이미지를 유지하는 것이 중요하다는 점을 깨달았습니다. 직원 관리, 매장별 맞춤형 서비스, 고객 맞춤형 메뉴 개발 등 각각의 지점이 지역 특성에 맞게 운영될 필요성을 더욱 실감하게 되었고, 이를 반영해 현재의 운영 전략을 지속적으로 보완해 나가고 있습니다.

이 모든 과정에서 저는 매출이나 성장뿐 아니라 각 매장의 역할과 의미를 명확히 하는 것이 얼마나 중요한지 다시금 깨달았습니다.

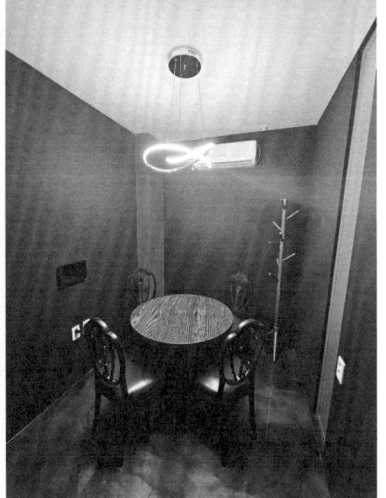

프랜차이즈 확장에서 겪은 난관

 만당은 1호점의 성공을 발판 삼아 2호점을 오픈하면서 프랜차이즈 사업 확장에 도전하게 되었습니다. 하지만 처음부터 순조롭지는 않았습니다. 프랜차이즈 확장은 단순히 매장을 늘리는 것 이상의 복잡한 문제들을 동반했고, 이를 해결하는 과정에서 여러 시행착오와 실패를 겪게 되었습니다. 가장 큰 도전 중 하나는 매장 간 음식 맛의 일관성이었습니다. 각 매장의 주방장이 요리하는 방식이 다르다 보니 매장마다 음식 맛이 조금씩 달라져 고객들이 "같은 만당인데 왜 맛이 다르지?"라는 불만을 제기하기 시작했습니다.

 이 문제를 해결하기 위해, 모든 메뉴의 레시피를 표준화하는 작업과, 1호점과 2호점 주방장의 맛을 맞추는 작업은 필수적이었습니다. 주방장들이 각기 다른 요리 방식에 익숙해 있던 터라, 조리 과정과 재료 비율을 철저히 매뉴얼로 정리해 각 지점에서 동일하게 따라야 한다는 원칙을 세웠습니다. 이를 위해 메뉴 하나하나를 점검하고, 조리 과정에서 발생하는 변수를 줄이는 실험을 수차례 반복했습니다. 이러한 작업을 통해 표준화된 레시피가 완성되었고, 각 주방장에게 체계적인 교육을 통해 매장 간 맛의 일관성을 유지할 수 있었습니다.

　서비스 품질도 프랜차이즈 확장 과정에서 어려움을 겪은 부분 중 하나였습니다. 각 매장 점주와 직원들이 고객을 응대하는 방식에 차이가 생기자, 만당이라는 브랜드의 일관된 이미지를 유지하는 데에도 문제가 발생했습니다. 한 매장은 친절한 서비스로 고객들에게 긍정적인 평가를 받았지만, 다른 매장에서는 응대가 미흡하다는 불만이 나왔습니다. 이를 해결하기 위해 저는 직원 교육 프로그램을 강화해 모든 직원이 고객에게 제공해야 할 서비스의 기준을 명확히 숙지하도록 했습니다.

　또 다른 시행착오는 무분별한 할인 행사였습니다. 매출을 빠르게 끌어올리고자 프랜차이즈 확장 초기 여러 차례 할인 이벤트를 진행했지만, 이는 오히려 고객들이 '할인할 때만 가는 가게'라는 인식을 가지게 만들었습니다. 고객들은 정가로 음식을 제공할 때는 매장을 찾지 않으려 했고, 이러한 접근은 장기적으로 브랜드 이미지에 부정적인 영향을 미칠 수 있다고 판단하게 되었습니다. 이 경험을 통해 단기적인 매출을 위한 할인보다는 고객에게 진정한 가치를 전달하고 지속적으로 좋은 브랜드 이미지를 만들어야 한다는 것을 알게 되었습니다.

이와 함께, 새로운 매뉴얼에는 직원들의 사기를 높이기 위한 동기부여 프로그램도 포함되었습니다. 초기 프랜차이즈 확장 시 무리한 운영과 업무 과중으로 인해 직원들이 지쳐 가는 모습을 보며, 직원 만족이 곧 서비스 품질에 직결된다는 점을 실감했습니다. 이를 개선하기 위해 인센티브와 보너스를 제공하는 체계를 마련했고, 각 지점이 목표를 달성하면 팀원 모두가 혜택을 받을 수 있도록 프로그램을 운영했습니다. 이러한 보상 시스템은 직원들이 자부심을 갖고 일하게 만들었고, 결과적으로 고객 응대에 대한 적극성을 높이는 효과를 얻었습니다.

앞으로의 프랜차이즈 확장을 원활하게 하기 위해 고객 피드백 시스템도 구축하게 되었습니다. 각 매장에서 발생하는 고객 불만과 개선 요청을 신속히 수집하고, 이를 신속하게 일괄적으로 검토하여 반영할 수 있는 시스템이 필요하다는 점을 깨달았습니다. 각 매장 관리자가 개별적으로 처리하던 고객 불만을 모두가 공유하고 매장별로 직접 확인하고, 신속하게 대응하는 체계를 마련한 덕분에 고객들의 신뢰를 높이는 데 기여할 수 있었습니다.

확장 초기에 매장을 다양하게 운영해 보려 했지만, 이로 인해 각 매장에서 메뉴가 너무 많아지고 조리 과정이 복잡해지면서 매장 운영의 효율성이 떨어지는 문제도 발생했습니다. 그래서 저는 메뉴를 간소화하고, 핵심 메뉴에 집중하여 각 메뉴의 품질을 극대화하는 전략으로 전환했습니다. 이 전략은 모든 매장에서 고객이 동일한 품질을 경험할 수 있도록 만들어 주었고, 직원들의 업무 부담도 줄어들어 서비스 품질 개선에도 긍정적인 영향을 주었습니다.

앞으로 만당이 프랜차이즈를 확장했을 때 일어날 수 있는 문제를 생각해 보았습니다. 많은 가맹점이 생기게 되면 프랜차이즈 점주와의 소통 역시 중요한 과제였습니다. 점주들이 본사의 비전과 철학을 공유하지 못하고 독립적으로 매장을 운영하게 되면 브랜드의 일관성이 깨질 위험이 있다는 생각을 하게 되었습니다. 그래서 이를 방지하고자 체계적인 점주 교육 프로그램을 도입해, 모든 점주가 만당의 서비스 철학과 운영 방침을 깊이 이해하도록 해야 한다는 것이었습니다. 이 과정은 만당이 단순한 외식 브랜드가 아닌, 점주와 함께 성장해 나가는 파트너로 자리 잡는 데 중요한 역할을 할 수 있을 거라 기대하게 되었습니다. 이렇게 지금의 현안과 앞으로 프랜차이즈를 운영하면서 발생할 수 있는 문제들을 해결하고 발전시킬 수 있도록 필요한 교육과 컨설팅을 받고 있습니다.

　이와 같이 여러 시행착오를 거치며 만당은 점차 프랜차이즈 사업을 위한 체계를 정립해 나가고 있습니다. 레시피와 서비스 매뉴얼의 표준화는 물론, 고객 피드백과 직원들의 교육 체계를 개선하며 프랜차이즈 확장을 지속할 수 있는 기반을 마련했습니다. 이러한 경험들을 통해 저는 단순히 매장을 늘리는 것이 아닌, 만당이라는 브랜드를 모든 매장에서 동일하게 경험할 수 있도록 하는 것이 프랜차이즈 확장의 핵심이라는 점을 배울 수 있었습니다.

4부

고객의 마음을 움직이는 서비스 차별화

10. 서비스 매뉴얼의 제작과 실행

맞춤형 서비스 매뉴얼 개발 - 고객의 목소리를 반영하다

만당을 운영하며 가장 중요하게 생각한 것은 고객의 목소리에 귀 기울이는 일이었습니다. 음식의 맛도 중요하지만, 고객이 매장을 찾는 이유는 더 나은 경험을 원하기 때문입니다. 특히 초기 경영 시절에는 매장의 서비스 품질에 대한 불만이 제기되면서 서비스에 대해 다시금 고민하게 되었습니다. 이에 따라 고객의 기대에 부합하는 서비스를 제공하기 위해 맞춤형 서비스 매뉴얼을 개발하기로 했고, 그 과정에서 고객 피드백을 최대한 반영하기 위해 노력했습니다.

우선 고객들이 겪는 작은 불편도 놓치지 않고 개선하기 위해 매장 내 '고객 불편 작성함'을 배치했습니다. 이를 통해 고객들이 쉽게 의견을 남길 수 있도록 유도했는데, 고객들이 작성한 의견을 통해 다양한 불편 사항을 파악할 수 있었습니다. 그중 하나가 짬뽕을 먹을 때 음식물이 튀어 불편하다는 의견이었고, 이를 반영하여 각 테이블에 얼룩 제거제를 두는 작은 개선책을 마련했습니다. 이러한 변화는 고객 만족도를 높이는 데 효과적이었고, 이러한 작은 배려가 고객의 눈에 보이도록 서비스 매뉴얼에 반영하였습니다.

서비스 매뉴얼을 제작하면서 직원의 의견을 반영한 것도 중요했습니다. 매뉴얼을 직원들이 현장에서 활용할 수 있어야 했기 때문입니다. 특히 고객 응대 방식에 대해 직원들과 협의해, 바쁜 시간대에도 응대 속도를 유지하면서도 편안하게 대화할 수 있는 방식을 함께 고민했습니다. 고객이 음식을 짜다고 느낄 때 무조건 고객의 의견을 인정하고 대응하는 방법도 매뉴얼에 포함했습니다. 이러한 방식은 불필요한 논쟁을 막고, 고객의 입장을 존중하는 문화 형성에 큰 도움이 되었습니다.

한번은 고객이 브레이크타임에 방문했다가 되돌아가는 상황이 반복되면서 불만이 제기되었고, 이를 해결하기 위해 '헛걸음 쿠폰'을 도입했습니다. 이 쿠폰은 브레이크타임에 방문한 고객들에게 10% 할인 혜택을 제공하며, 사용 기한을 3일로 설정해 고객의 재방문을 유도했습니다. 고객들이 이 쿠폰을 긍정적으로 받아들이면서 브레이크타임 문제를 효과적으로 해결할 수 있었습니다. 이와 같은 사례를 통해 매뉴얼은 고객의 불편을 줄이고 매출을 개선하는 데에도 기여할 수 있음을 깨닫게 되었습니다.

서비스 매뉴얼을 통해 고객 불만을 단순히 해결하는 것을 넘어서, 고객을 감동시킬 수 있는 맞춤형 서비스를 제공하는 것이 목표였습니다. 초기에는 단순히 여성 고객을 위한 머리끈을 비치했지만, 고객이 이를 특별하게 느끼지 않는다는 피드백을 받고 변화를 주었습니다. 직원이 머리끈이 필요할 것 같은 고객에게 직접 "고객님 식사하실 때 머리끈이 필요하시면 요청해 주세요!"라고 말하고 고객에게 머리끈을 제공하는 방식으로 바꾸었습니다. 이 작은 변화는 고객에게 더 큰 감동을 주었고, 고객들이 만당의 배려 깊은 서비스를 긍정적으로 평가하면서 재방문율이 높아졌습니다.

또한, 서비스 매뉴얼의 지속적 개선을 위해 고객 피드백을 정기적으로 반영할 수 있는 시스템을 도입했습니다. 고객 불만이 제기되면 이를 매장의 매니저가 통합 관리해 문제를 파악하고, 개선 사항을 매장별로 직원들에게 전달하여 신속하게 조치를 취했습니다. 이 시스템은 모든 매장이 고객 의견을 반영하여 더 나은 서비스로 발전할 수 있는 기반이 되었고, 고객 만족도와 브랜드 신뢰도를 높이는 데 크게 기여했습니다.

서비스 개선 과정에서 중요한 점은 고객과 소통을 강화하는 방식이었습니다. 고객이 불편한 기색을 보이기 전에 먼저 다가가 문제를 해결하고, 고객이 원하는 것을 자유롭게 표현할 수 있도록 분위기를 조성하는 것이 목표였습니다. 직원들에게 고객의 표정과 말투를 주의 깊게 살피도록 교육했고, 이를 통해 고객이 불편을 느끼기 전에 해결해 주는 사전 서비스를 강화했습니다.

직원 교육을 통해 매뉴얼을 보다 철저히 적용하도록 한 것도 중요한 변화였습니다. 교육 프로그램은 고객 응대의 기본 원칙과 컴플레인 처리 방식, 불만 사항에 대한 대응법 등을 포함하여 체계적으로 구성했습니다. 모든 직원들이 만당의 서비스 철학을 이해하고 이를 실천할 수 있도록 했고, 이를 통해 서비스 품질이 한층 높아지며 고객과의 신뢰도 강화되었습니다.

결과적으로 맞춤형 서비스 매뉴얼은 만당의 경쟁력을 강화하는 중요한 도구로 자리 잡았습니다. 고객들이 남긴 피드백을 반영해 매뉴얼을 지속적으로 업데이트함으로써, 매장 운영은 더욱 유연해졌고 고객 만족도는 한층 높아졌습니다. 앞으로도 고객의 목소리에 귀 기울이며 맞춤형 서비스를 지속적으로 발전시켜 나갈 것입니다.

고객 불만을 긍정적인 변화로 이어 간 특별 대응 사례

　만당은 초기 운영 과정에서 고객 불만을 자주 접하며 그 해결을 통해 서비스 개선의 길을 찾았습니다. 특히 경상도 특유의 다소 무뚝뚝한 응대가 고객들에게 불편함을 줄 수 있다는 점을 깨닫고, 고객의 의견을 적극 수용하여 서비스 매뉴얼을 새롭게 구축했습니다. 매장 운영에서 고객 불만은 피할 수 없는 부분이지만, 만당은 이를 단순한 문제가 아닌 서비스 발전의 기회로 여기며 체계적인 개선을 시도했습니다.

　가장 먼저 도입한 변화는 고객 응대에 대한 새로운 접근이었습니다. 음식의 맛이나 서비스에 대한 불만이 들어왔을 때, 단순히 설명이나 변명으로 일관하지 않고 고객이 느낀 문제를 곧바로 인정하고 개선하는 자세를 갖추는 것이 중요했습니다. 이를 위해 고객이 "음식이 짜다"고 하면 "고객의 입맛이 곧 정답"이라는 기본 철학을 설정하고, 즉각적인 해결 방안을 제공했습니다. 이러한 변화는 고객과 불필요한 논쟁을 줄여 주었고, 고객이 문제 해결 과정에서 존중받는다는 느낌을 받을 수 있도록 했습니다.

다음으로, 고객 불만을 접수하고 분석하는 과정을 보다 체계화했습니다. 고객의 목소리를 빠짐없이 기록하기 위해 매장에는 '고객 의견함'을 설치했으며, 이를 통해 접수된 의견은 정기적으로 본사에 전달되어 전체적인 서비스 개선에 반영할 수 있도록 했습니다. 예를 들어, 의견함을 통해 수집된 불만 중 일부는 매장 환경과 관련된 것이었으며, 이를 바탕으로 고객들이 요청했던 작은 편의 시설들을 추가했습니다. 대표적인 예로, 머리끈이 필요하다는 고객 의견을 반영해 매장 내에 머리끈을 비치하고, 필요할 때 직원이 직접 제공하도록 하면서 고객의 편의와 만족도가 크게 향상되었습니다.

고객 응대 매뉴얼도 새로운 방향으로 정비했습니다. 단순히 지시 사항을 따르는 매뉴얼이 아닌, 상황에 따라 적극적으로 문제를 해결할 수 있는 권한을 직원들에게 부여하고자 했습니다. 모든 직원이 고객 불만을 실시간으로 해소할 수 있도록 문제 해결 지침을 구체화했으며, 고객이 불편을 겪을 경우 신속한 해결을 위해 필요한 조치를 취할 수 있도록 했습니다. 예를 들어, 음식에 대한 불만이 발생하면 즉시 대체 음식을 제공하는 방식을 규정하여, 고객이 기다리지 않도록 했습니다. 이로 인해 고객들은 매장에서 진심 어린 서비스와 신뢰를 느낄 수 있었습니다.

특히 배달 서비스에 대한 불만을 개선한 사례는 고객 경험을 새롭게 바꿔 놓았습니다. 고객들은 배달 중 음식이 붇거나 맛이 변한다는 불만을 제기했으며, 이를 해결하기 위해 면과 국물을 분리 포장하는 방식을 도입했습니다. 이렇게 포장 방식을 개선한 이후, 배달 음식에 대한 고객 만족도가 눈에 띄게 상승했으며, 배달 서비스에 대한 긍정적인 리뷰가 급격히 증가했습니다. 이 변화는 매장 밖에서의 고객 경험을 개선하는 데 큰 도움이 되었습니다.

또한, 고객 불만을 사후 관리하는 방식을 개선하여 고객의 재방문을 유도했습니다. 예를 들어 불편을 겪은 고객에게는 추가 쿠폰을 제공하거나 다음 방문 시 특별한 혜택을 약속했습니다. 이러한 배려는 불만을 해소하는 데 그치지 않고 고객 충성도를 높이는 계기가 되었으며, 고객들은 만당을 신뢰하는 브랜드로 인식하게 되었습니다.

이처럼 만당의 고객 불만 대응은 단순히 문제를 해결하는 데서 그치지 않고, 고객에게 감동을 줄 수 있는 요소로 발전해 갔습니다. 고객의 목소리를 존중하는 과정에서 서비스 개선이 이루어졌고, 이는 곧 고객과 관계를 한층 깊게 만드는 계기가 되었습니다.

11. 고객을 감동시키는 이벤트 기획

현장직 공무원을 위한 특별한 감사의 마음

 저는 항상 우리 일상의 든든한 버팀목이 되어 주는 경찰, 소방관, 군인분들의 땀과 노력, 그리고 그 고충과 책임감에 깊은 감사함을 느껴 왔습니다. 매일 위험을 무릅쓰고 현장에서 고생하시는 모습을 보며, 제가 할 수 있는 작은 보답을 고민하다가 만당을 운영하면서 이분들께 음식 값의 30% 할인 혜택을 드리기로 결정했습니다. 처음에는 작은 시도였지만, 이제는 만당이 지역사회와 함께하는 중요한 방식이 되었습니다.

이 프로모션을 시작할 때만 해도 얼마나 많은 분들이 알고 찾아 주실까 걱정이 앞섰습니다. 하지만 시간이 지날수록 현장직 공무원분들 사이에서 입소문이 퍼졌고, 동료분들과 함께 찾아 오시는 경우가 늘어났습니다. 2년이 넘는 시간 동안 이 서비스를 이용하신 분들의 숫자가 늘어나면서 만당이 단순한 중국집이 아닌 지역사회와 이웃에게 나눌 수 있는 브랜드가 되어 가는 모습이 참 행복했습니다.

특히 기억에 남는 순간은 2024년 7월에 있었던 일입니다. 상주경찰서에서 연락을 받고 가게 되었는데, 만당의 사회공헌에 대해서 감사하는 마음을 전하고 싶다고 하셔서 처음에는 거절했습니다. 그런데 단순하게 감사장을 주는 것이 아니라 다른 누군가에게 영향을 줄 수 있고 만당 같은 많은 브랜드들이 나오기 바라는 마음에서 감사장을 받기로 결정했습니다. 서장님께서 직접 감사장을 전달해 주시면서 현장직 공무원들을 대신해서 고맙다는 말씀을 듣게 되었습니다. 그저 당연히 해야 할 일을 했을 뿐인데, 이렇게 인정해 주시니 더욱 큰 책임감이 생겼습니다. 감사장을 받던 날, 직원들과 모여 '우리가 하는 일이 작지만 의미 있는 변화를 만들 수 있다'는 이야기를 나누며 가슴 뭉클했던 기억이 생생합니다. 우리들의 작은 마음이 모여 지역

사회를 위해 일하시는 분들에게 행복한 순간을 만들어 줄 수 있다는 것은 신바람 나는 일이었습니다. 그래서 다음 이벤트를 준비하게 되었습니다.

2024년 11월 9일 소방의 날에는 특별한 이벤트를 준비했습니다. 짜장면과 짬뽕을 소방관들에게만 119원에 제공하는 행사였습니다. 이는 소방관분들의 헌신에 대한 감사함을 표현하고 싶었기 때문입니다. 예상보다 많은 소방관분들이 찾아 주셔서 주방이 정신없이 바빴지만, 그분들의 환한 미소를 보며 피로가 눈 녹듯 사라졌습니다.

그날 한 소방관분이 "소방의 날을 기억해 주는 곳이 있다는 게 참 감동"이라고 말씀해 주셨는데, 그 한마디가 가슴 깊이 박혔습니다. 일반 손님들도 이 모습을 보고 소방관분들께 감사 인사를 전하시는 걸 보며, 작은 시도가 만들어 낸 선한 영향력에 나비효과를 경험하게 되었습니다. 시민들을 위해 목숨을 내놓고 일하시는 소방관분들에게 너무나도 작은 감사표현이지만 저의 119원 프로모션으로 시민들도 직접 감사의 마음을 표현할 수 있는 기회가 마련되었습니다. 그래서 앞으로 이 행사는 지속적으로 진행해야겠다는 생각을 하게 되었습니다.

소방의 날 프로모션이 끝난 후에도 소방관분들의 가족들이 찾아와 감사 인사를 전해 주실 때면, 이런 노력들이 헛되지 않았다는 생각이 듭니다. 단순한 할인 행사를 넘어서, 우리 사회의 든든한 버팀목이 되어 주시는 분들에 대한 감사함을 함께 나누는 시간이 되었습니다. 그리고 생각지도 못하게 만당은 경찰, 소방관 가족들이 많이 찾아오는 중식당이 되었습니다. 그러다 보니 앞으로도 경찰의 날, 국군의 날과 같은 특별한 날에는 현장직 공무원분들을 위한 의미 있는 행사들을 이어 갈 계획입니다. 이는 단순한 할인 행사가 아닌, 그분들의 헌신과 노고에 대한 진정성 있는 감사의 표현입니다.

만당은 단순히 음식을 파는 공간을 넘어서, 지역사회와 함께 숨 쉬는 공간이 되고자 합니다. 앞으로도 현장직 공무원분들과 지역사회를 위한 다양한 프로그램을 고민하고 실천해 나가겠습니다. 이런 작은 노력들이 누군가의 하루를 조금 더 따뜻하게 만들고, 서로를 생각하는 마음을 나누는 계기가 되길 바랍니다. 우리 지역사회의 소중한 분들께 감사한 마음을 전하는 일, 앞으로도 계속해 나가겠습니다.

유쾌함과 따뜻함으로 전한 특별한 경험들

만당을 찾는 손님들은 맛있는 음식만이 아닌, 여기서만 느낄 수 있는 특별한 무언가를 기대하며 오십니다. 단골손님들께서 자주 말씀하시는 것처럼, 만당만의 따뜻한 분위기와 유쾌한 에너지가 이곳을 특별하게 만드는 것 같습니다. 그래서 저는 손님들이 음식 그 이상의 의미 있는 순간들을 경험하실 수 있도록 다양한 이벤트를 준비하고 진행해 왔습니다.

손님들 사이에서 가장 인기 있었던 이벤트는 단연 '짬뽕 한 방울도 안 튀면 천 원 할인!'이었습니다. 짬뽕을 조심스레 먹으려

애쓰는 손님들의 모습에서 자연스러운 웃음이 피어났고, 이 작은 도전이 식사 시간을 더욱 즐겁게 만들어 주었습니다. 실패해도 "다음엔 꼭 성공할 거예요!"라며 웃으시는 분들을 보면서, 이런 소소한 재미가 손님들의 발걸음을 다시 이끄는 힘이 된다는 걸 깨달았습니다.

'짬뽕 국물을 다 마시면 천 원 할인!' 이벤트도 손님들의 많은 사랑을 받았습니다. 매운 국물과 씨름하시는 분들의 표정에서 진지함과 즐거움이 동시에 묻어났습니다. 성공하신 분들이 주방 직원들에게 자랑스레 빈 그릇을 보여 주실 때면, 저희도 덩달아 기분이 좋아졌습니다. 이런 순간들이 쌓여 만당이 단순한 식당이 아닌, 특별한 추억이 만들어지는 공간으로 자리 잡게 된 것 같습니다.

지역사회와 함께하는 나눔 활동도 만당의 중요한 가치입니다. 경북 지역 결식아동들을 위한 '참사랑카드' 프로그램은 제가 가장 애착을 가지고 있는 활동 중 하나입니다. 매장을 운영하면서 지역사회에 어떤 도움을 줄 수 있을까 고민하다가 시작하게 됐는데, 아이들이 따뜻한 식사를 하며 보여 주는 해맑은 미소가 저희에게는 가장 큰 보상이 되었습니다.

'양심우산 서비스'는 갑작스러운 비에 당황하시는 손님들을 위해 시작했습니다. 우산을 빌려드리면서 "나중에 편하실 때 가져다주세요"라고 말씀드리면, 많은 분들이 놀라워하셨습니다. "혹시 잃어버리면 어떡하죠?"라고 걱정하시는 분들께는 "괜찮습니다. 그럴 수도 있죠"라며 웃으며 답했는데, 대부분의 손님들이 우산을 돌려주러 다시 방문하시면서 꼭 식사를 하고 가시는 모습을 보게 됩니다. 저는 우산을 빌려주거나 잃어버려도 부담을 갖지 말라는 마음을 전해 드렸는데, 손님들은 저의 마음을 이해해 주시고 감사와 매출이라는 두 마리 토끼를 잡을 수 있도록 보답해 주셨습니다.

3주년을 맞아 진행했던 '3주년 페이백 서비스'도 잊지 못할 추억입니다. 1만 원 이상 구매하신 손님들께 3천 원을 돌려드리는 이벤트였는데, 손님들이 "돌려받은 3천 원으로 다음에 또 올 게요!"라면서 즐거워하는 모습이 좋았습니다. 그런데 3천 원을 돌려받은 손님들이 삼삼오오 방문하셔서 단체로 할인된 3천 원을 사용하시는 걸 보면서 상주시 안에 만당의 충성고객이 많다는 것을 확인하게 되었습니다. 한 팀이 3천 원의 할인쿠폰을 여러 장 사용하는 해프닝이 있어도 모두 만당 사랑이라는 생각으로 참 즐거운 기억이 되었습니다.

이벤트를 통해 만나는 손님들과의 특별한 순간들도 가슴 따뜻한 기억으로 남아 있습니다. 어느 날 아버님이 아이와 함께 오셔서 짬뽕 도전 이벤트에 참여하셨는데, 아빠가 국물을 마시는 동안 옆에서 "우리 아빠 최고!"라고 응원하던 아이의 모습이 아직도 생생합니다. 그때 식당이 단순히 밥을 먹는 곳이 아닌, 가족들의 소중한 추억이 만들어지는 공간이 될 수 있다는 걸 다시 한번 느꼈습니다.

앞으로도 만당을 단순히 맛있는 음식을 제공하는 것을 넘어, 손님들께 특별한 경험과 따뜻한 추억을 선사하는 공간으로 만들고자 합니다. 매일매일 새로운 아이디어를 고민하고, 더 많은 즐거움과 감동을 나눌 수 있는 방법을 찾아가겠습니다. 이제까지의 이벤트들은 시작일 뿐, 앞으로도 계속해서 손님들과 함께 성장하며 더 많은 특별한 이야기들을 만들어 가고 싶습니다.

5부

만당의 교훈과
청년 창업가를 위한 조언

12. 성공과 실패를 통해 배운 것들

성공 경험에서 얻은 인사이트

만당을 운영하면서 얻은 성공의 경험들은 단순한 매출 증가 이상의 중요한 인사이트를 주었습니다. 가장 먼저 깨달은 것은 철저한 준비와 계획의 중요성입니다. 1호점 운영 당시 주변 상권과 고객층을 분석하지 못한 점에서 얻은 교훈을 바탕으로, 2호점을 열 때는 지역 특성과 소비자 선호도를 사전에 철저히 조사했습니다. 이러한 준비 덕분에 2호점은 개점 첫 달부터 높은 매출을 기록하며 성공적인 확장의 발판이 되었습니다.

또한, 창의적인 마케팅이 큰 역할을 했습니다. 만당의 현수막 마케팅은 단순한 홍보를 넘어 고객의 호기심과 관심을 이끌어 내는 효과적인 도구가 되었습니다. "샤워하고 나서 배달시키세요" 같은 유머러스한 문구는 고객들에게 큰 호응을 얻었고, 만당이 단순한 음식점이 아닌 친근한 브랜드로 자리 잡는 계기가 되었습니다. 이후 2호점의 오픈을 기념해 시행한 체험단 이벤트와 리뷰 마케팅도 마찬가지로 고객들의 긍정적 반응을 이끌어 내며 매장의 인지도를 높이는 데 기여했습니다.

또 다른 인사이트는 직원 동기부여의 중요성입니다. 직원들이 동기부여가 되어야 매장이 원활하게 운영될 수 있다는 점을 깨닫고, 인센티브와 보상 프로그램을 도입하여 성과에 따른 보상을 제공했습니다. 이를 통해 직원들의 만족도와 업무 효율이 눈에 띄게 높아졌고, 이런 변화는 고객 서비스의 질 향상으로도 이어졌습니다. 고객 만족도 상승은 곧 매출 증대로 이어져, 보상과 동기부여가 직원뿐 아니라 매장 전체에 긍정적인 영향을 준다는 점을 확인할 수 있었습니다.

성공적인 운영을 위해서는 위기 대처 능력도 필수적임을 배웠습니다. 운영 중에 예기치 못한 문제가 발생할 때 이를 신속하게 해결하는 능력이 곧 매장의 생존력과 직결된다는 사실을 체감했습니다. 예를 들어, 초창기 메뉴 구성이 너무 복잡하여 직원들의 업무 부담이 컸을 때는 과감하게 메뉴를 간소화했습니다. 이 결정으로 직원들의 효율이 높아졌고, 고객 만족도도 함께 개선되었습니다. 이러한 결단력은 만당의 운영에서 중요한 요소가 되었고, 문제 해결 과정에서 얻은 교훈은 이후 운영 방침을 설정하는 데 큰 도움이 되었습니다.

또한, 고객의 피드백 수렴과 개선이 필수적이라는 사실도 깨달았습니다. 초기에는 고객 불만을 단순한 문제로만 여겼지만, 이를 개선의 출발점으로 삼아 매뉴얼과 서비스 방침을 수정하고 반영한 결과 고객 만족도가 크게 향상되었습니다. 고객과 소통이 외식업 운영에서 핵심이라는 점을 인식하게 되었고, 고객 피드백을 바탕으로 서비스의 작은 부분까지 세심하게 신경 쓰기 시작했습니다.

마지막으로, 성공을 위한 지속적인 개선과 성장의 필요성입니다. 만당의 성장에 안주하지 않고 지속적으로 운영 방식을 개선하고 새로운 시도를 통해 만당을 단순한 외식업체가 아닌 더 큰 비전을 가진 브랜드로 발전시키려는 노력을 멈추지 않았습니다. 이를 통해 만당은 꾸준히 성장했고, 고객에게 더 나은 경험을 제공하는 브랜드로 자리 잡았습니다.

실패가 준 깨달음과 성장의 기회

 만당을 운영하며 수많은 시행착오를 겪었고, 그 과정에서 배운 값진 교훈들은 이후 사업을 발전시키는 중요한 밑거름이 되었습니다. 특히 매장 운영 초기의 실패들은 일관된 맛과 서비스의 중요성을 절실히 느끼게 했습니다. 처음에는 각 매장의 주방장들이 개별적인 방식으로 요리를 하면서, 같은 메뉴임에도 지점마다 맛이 달라지는 문제가 발생했습니다. 고객들이 "같은 만당 맞나요?"라고 불평할 정도였고, 매출에도 직접적인 타격이 있었습니다. 이 경험을 통해 모든 매장에서 동일한 맛을 제공하는 일관성이야말로 프랜차이즈 성공의 핵심임을 깨닫게 되었습니다.

 이후 각 메뉴의 조리법을 세부적으로 표준화하고, 주방 운영 매뉴얼을 작성하여 모든 매장이 동일한 기준으로 음식을 제공할 수 있도록 했습니다. 이 변화는 고객들에게 매장을 방문할 때마다 변함없는 맛을 기대할 수 있게 했고, 고객 신뢰 회복에도 큰 도움이 되었습니다. 그 결과, 재방문율이 높아지고 매출도 안정적으로 성장할 수 있었습니다. 실패를 통해 배운 일관성의 중요성은 만당의 운영 방식에 깊이 자리 잡게 되었습니다.

또 하나의 교훈은 무분별한 할인 행사의 부작용이었습니다. 초기에는 매출을 끌어올리기 위해 여러 차례 대규모 할인 프로모션을 진행했으나, 오히려 고객들은 '할인할 때만 가야 하는 곳'으로 인식하게 되어 정가 판매 시 매출이 떨어지는 역효과를 경험했습니다. 이를 통해 고객에게 단순히 할인을 제공하는 것보다, 브랜드의 고유 가치를 경험할 수 있는 방식이 더 중요하다는 사실을 알게 되었습니다. 그 이후에는 고객이 만당을 특별하게 느낄 수 있도록 하는 이벤트와 특별 서비스를 중심으로 프로모션을 기획하며, 가격 이상의 경험을 제공하려고 노력했습니다.

직원과 소통 문제도 큰 과제 중 하나였습니다. 직원들이 변화된 서비스 방식에 저항할 때는 리더로서 직접 함께 일하며 문제를 풀어 나가야 한다는 점을 깨달았습니다. 변화에 익숙하지 않은 직원들이 있었지만, 저와의 대화와 소통을 통해 변화의 필요성을 이해하게 되었고, 매장에서 각자 역할에 대한 책임감을 갖게 되었습니다. 이를 통해 직원들이 단순히 지시에 따르는 것이 아니라, 스스로 동기 부여되어 더 나은 서비스를 제공하려는 적극적인 태도를 가지게 되었습니다.

또한, 고객 피드백을 통해 각 지점의 서비스와 메뉴를 꾸준히 개선해 나가는 것이 얼마나 중요한지 알게 되었습니다. 메뉴의 인기를 주기적으로 확인하고, 고객 선호도가 낮은 메뉴는 과감히 정리하여 효율성을 높였습니다. 이를 통해 고객이 원하는 메뉴에 집중할 수 있게 되었고, 매출과 고객 만족도 모두 상승하는 효과를 거두었습니다. 이 경험은 앞으로도 고객 중심의 운영 방식을 유지하는 데 중요한 교훈이 되었습니다.

리더로서 겪은 실패를 통해 위기 대처 능력의 중요성도 일깨워 주었습니다. 창업 초기의 실패 경험들이 쌓이면서, 예상치 못한 상황에서 유연하게 대응할 수 있는 능력이 점점 강화되었습니다. 한 번의 실패가 일시적인 어려움을 가져오더라도, 이를 문제 해결의 기회로 활용하면서 오히려 더 나은 결정을 내릴 수 있었습니다. 이러한 태도는 이후 유사한 문제에 빠르게 대처하고, 사업 운영에 있어서 더 큰 자신감을 심어 주었습니다.

무엇보다 중요한 깨달음은 실패를 두려워하지 않는 태도입니다. 창업 초기에는 실패를 피하고 싶어 지나치게 신중했던 시절이 있었습니다. 그러나 경험을 통해, 실패를 두려워하기보다는 그것을 통해 배우고 성장할 기회로 삼는 것이 성공으로 가는 필수 요소임을 깨달았습니다. 도전을 멈추지 않고, 시행착오를 경험하며 나아갔기에 지금의 만당이 있을 수 있었습니다.

끝으로, 실패는 고객과 소통의 중요성을 강조해 주었습니다. 고객의 피드백을 듣고 부족한 점을 개선해 나가면서 고객 만족도가 점차 높아졌습니다. 처음에는 실수로 느껴졌던 것들이 고객의 눈높이에 맞춘 운영 개선으로 이어졌고, 고객들도 점차 만당의 성장을 인정하게 되었습니다. 실패는 단순한 실수가 아닌, 한 걸음 더 나아가게 하는 귀중한 밑거름이라는 사실을 실감하게 되었습니다.

13. 청년 창업가에게 전하는 조언

실무 경험의 중요성 '가장 밑바닥에서 시작하라'

 창업을 준비하는 청년 창업가들에게 강조하고 싶은 조언은 실무 경험의 중요성입니다. 사업이 성공하기 위해서는 이론적인 지식뿐 아니라 현장에서 얻는 경험이 무엇보다도 필요합니다. 외식업을 처음 시작했을 때, 저는 음식점 운영에 대한 기본적인 지식만 가지고 있었지만, 실제 현장에서 겪는 경험이야말로 성공의 가장 큰 밑거름이 된다는 사실을 깨달았습니다.

 처음 만당을 맡았을 때, 저는 단순히 경영자의 역할에만 머무

르지 않았습니다. 매장 청소부터 서빙, 포장, 고객 응대까지 모든 기본 업무를 직접 체험했습니다. 이러한 경험은 단순한 체험을 넘어서, 직원들의 일과 고객의 입장을 이해하는 중요한 기회가 되었습니다. 매장에서의 실무 경험을 통해 저는 직원들이 겪는 어려움과 고객들이 원하는 세부적인 요구를 직접 체감할 수 있었습니다.

직원들과의 소통과 신뢰 구축에도 실무 경험은 큰 도움이 되었습니다. 직원들이 매일 마주하는 문제와 고충을 이해하기 위해서는 그들이 하는 업무를 몸소 경험해 보는 것이 무엇보다 중요했습니다. 예를 들어, 주방에서 발생하는 예상치 못한 문제들을 직접 경험하면서 문제의 원인을 빠르게 파악하고 해결할 수 있었습니다. 이로 인해 직원들은 경영자가 자신들의 상황을 이해하고 있다는 믿음을 가지게 되었고, 이는 매장 운영에 큰 도움이 되었습니다.

고객의 시각에서 매장을 개선하는 데도 실무 경험이 필수적이었습니다. 고객들이 느끼는 작은 불편함까지 파악하려면 모든 업무를 직접 경험해 보는 것이 필요합니다. 테이블 관리나 청소 같은 작은 일들도 직접 해 보면서, 고객들이 매장에서 무엇을 중요하게 여기는지를 더 잘 알게 되었습니다. 이런 경험은 고객 만족도를 높이는 세부 사항에 집중하게 해 주었고, 이는 결국 매출 증가로도 이어졌습니다.

이론적인 준비만으로는 매장에서 발생하는 다양한 문제를 완벽히 해결할 수 없다는 점도 깨달았습니다. 외식업의 이론과 마케팅 전략에 대해 공부했지만, 현장의 상황은 달랐고 직원 관리, 고객 응대, 갑작스러운 문제 해결에는 실무에서 배우는 것이 더 많았습니다. 이 현장 경험은 창업 초기의 어려움을 극복할 수 있게 해 준 중요한 자산이 되었습니다.

또한 실무 경험은 리더십의 중요성을 배울 기회가 되었습니다. 경영자가 직원들과 함께 실무에 참여하고 그들의 어려움을 이해하려고 할 때, 직원들은 진정으로 신뢰하고 따르게 됩니다. 실무 경험을 통해 직원들과 소통하며 협력하는 분위기를 만들었고, 이는 매장의 성공에 중요한 역할을 했습니다. 직원들이 자신의 역할에 자부심을 느끼고 팀으로서 함께 움직일 때 매장의 분위기도 자연스럽게 좋아졌습니다.

문제 해결 능력도 실무 경험을 통해 키울 수 있습니다. 창업 초기에는 경험 부족으로 수많은 시행착오를 겪기 마련입니다. 저 역시 실무를 통해 여러 실패를 겪었지만, 오히려 이러한 경험들이 성장과 발전의 기회가 되었습니다. 어렵고 예기치 못한 상황에서도 단단하게 성장하려면 실무를 통한 경험을 두려워하지 않고 꾸준히 쌓아 나가야 한다고 생각합니다.

이 모든 경험은 고객, 직원, 사업 전반을 이해하고 이끌어 가는 중요한 자산이 됩니다. 청년 창업가들에게 실무 경험은 단순한 업무를 넘어 매장의 운영 원리와 경영을 깊이 있게 이해할 수 있는 기회입니다.

자본 부족 극복 전략

창업 초기에는 자본 부족이 큰 도전 과제입니다. 많은 청년 창업가들이 초기 자금의 한계로 어려움을 겪으며 창업을 망설이곤 합니다. 저 역시 자본 부족 문제를 해결하기 위해 여러 지원 프로그램을 적극 활용했고, 이 경험을 바탕으로 몇 가지 실질적인 조언을 전하고자 합니다.

첫 번째로, 정부 지원금 프로그램을 최대한 활용하는 것이 중요합니다. 매년 연말과 연초, 정부와 지자체에서는 다양한 창업 지원금을 발표합니다. 창업을 준비하는 단계에서 이러한 프로그램을 미리 조사해 두고, 진출하고자 하는 분야와 관련된 지원금을 체크해 두면 좋습니다. 저는 매년 11월부터 다음 해 지원 예산이 발표되는 시기에 맞춰 지원금을 찾기 시작해, 창업 초기에 필요한 자본을 마련할 수 있었습니다.

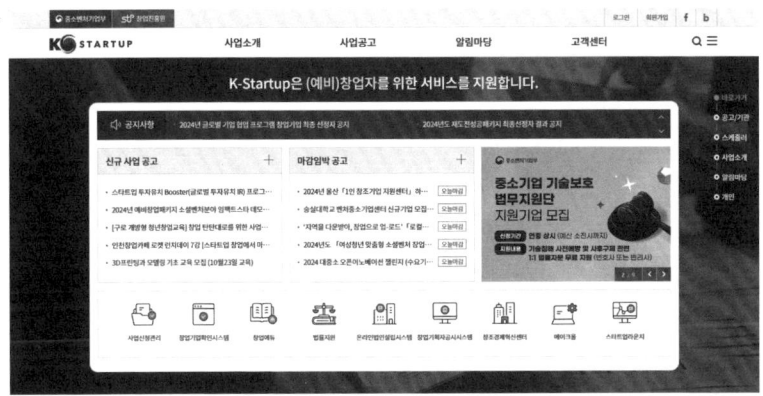

(사진 출처: K-Startup 창업지원포털)

두 번째로, 지원금 신청의 반복 도전이 중요합니다. 정부 지원금은 한 번에 받기 어려운 경우가 많기 때문에, 첫 신청이 반려되더라도 이유를 분석하고 사업계획서를 보완하여 재신청하는 노력이 필요합니다. 저도 여러 차례 반려되었지만, 수정한 사업계획서를 다시 제출해 결국 지원금을 받을 수 있었습니다. 지원금을 받기 위해서는 사업계획서에 구체적이고 현실적인 목표와 사회적 기여도를 명확히 담는 것이 중요합니다.

세 번째로, 다양한 지원 기관의 자금 프로그램을 단계적으로 활용하는 것도 도움이 됩니다. 예를 들어, 저는 먼저 소상공인 정책자금을 신청한 후, 신용보증재단의 지원을 통해 추가 자금을 확보했습니다. 각 프로그램은 신청 순서와 조건이 다르기 때문에 미리 신청 과정과 조건을 파악하고 차례대로 접근하는 것이 자금 확보에 유리합니다.

사업계획서 준비의 철저함도 필수적입니다. 지원금을 받기 위해서는 사업계획서에서 사업의 예상 수익성과 사회적 기여를 구체적으로 설명해야 합니다. 저는 사업계획서를 작성할 때 예비 매출 전망과 함께, 지역 농가와 협력해 신선한 재료를 사용하는 점 등 사회적 가치를 강조했습니다. 이러한 부분을 통해 단순히 이익을 추구하는 사업이 아님을 보여 주는 것이 중요합니다.

지자체 지원금 활용 역시 좋은 전략입니다. 각 지자체는 지역 창업을 장려하기 위해 창업자들을 위한 다양한 지원 프로그램을 운영하고 있습니다. 저도 창업 초기에 지역 지자체의 지원금을 통해 시설비 일부를 해결할 수 있었습니다. 청년 창업가들은 정부 지원금뿐만 아니라 지자체 지원금도 꼼꼼히 알아보고 활용하는 것이 좋습니다.

적절한 타이밍도 중요한 요소입니다. 지원금은 대부분 연초에 신청이 이루어지므로, 준비가 빠를수록 선정 확률이 높아집니다. 저는 매년 연초부터 지원금 신청을 준비하면서 이에 맞춰 사업 계획을 미리 정비하는 습관을 들였습니다. 이러한 철저한 준비가 자본 문제를 해결하는 데 큰 도움이 되었습니다.

또한, 작은 규모로 시작하는 전략도 추천합니다. 자본이 부족할 때는 작은 매장에서 출발해 점차 확장해 나가는 것도 좋은 방법입니다. 저도 작은 매장에서 시작해 사업을 점진적으로 확장하면서 안정적으로 자본을 활용할 수 있었습니다. 이런 단계적 확장은 자본 부담을 줄이는 동시에, 사업 경험을 쌓아 안정적으로 성장할 기회를 제공합니다.

마지막으로, 지속적인 정보 업데이트의 중요성을 강조하고 싶습니다. 정부와 지자체의 지원 정책은 매년 변화하기 때문에, 새롭게 발표되는 지원금 프로그램에 맞춰 준비하는 것이 필요합니다. 저는 매일 아침 지원금과 자금 지원 프로그램을 검색하는 루틴을 통해 최신 정보를 빠르게 반영할 수 있었습니다. 꾸준한 정보 탐색이 자본 확보의 중요한 열쇠가 됩니다.

결론적으로, 자본 부족은 창업의 큰 도전이지만 포기할 이유는 아닙니다. 정부와 지자체의 지원 프로그램을 적극 활용하고, 반복적으로 도전하며 철저한 계획을 세운다면 자본 부족 문제를 극복할 수 있습니다. 청년 창업가들은 이러한 전략을 통해 안정적인 자본을 마련하고 성공적인 창업을 이룰 수 있을 것입니다.

열정과 현실 사이의 균형

청년 창업가에게 중요한 것은 열정과 현실을 균형 있게 조율하는 능력입니다. 창업 초기에는 누구나 큰 이상을 품고 열정적으로 시작하지만, 현실의 벽을 마주하며 이상과 현실 사이의 간극을 실감하게 됩니다. 저 역시 창업 초기에는 외식업에 대한 큰 포부로 시작했지만, 실제 현실은 기대보다 훨씬 복잡했습니다. 이러한 경험을 통해 창업에서 성공하려면 열정과 함께 냉철한 현실 인식이 필요하다는 것을 배웠습니다.

첫 번째로 깨달은 것은 현실적인 목표 설정의 중요성입니다. 창업 초기에 높은 매출을 기대하며 무리하게 매장을 확장하려 했지만, 초기 자본의 한계와 시장 상황을 충분히 고려하지 않은 상태에서 세운 목표는 오히려 큰 좌절로 이어졌습니다. 이 경험을 통해 달성 가능한 목표를 설정하고, 그 목표를 하나씩 이루어 가며 사업을 점진적으로 확장하는 것이 중요하다는 교훈을 얻었습니다. 이러한 현실적인 접근이 결국 사업의 안정적인 성장을 가능하게 합니다.

현장 경험의 중요성도 강조하고 싶습니다. 창업을 계획하는 많은 청년이 열정에 의존해 뛰어들지만, 현장 경험이 부족하면 현실적인 문제 해결에 한계가 있습니다. 저 역시 창업 초반에는 이론적 지식만으로는 부족함을 느꼈고, 직원 관리, 고객 응대, 매출 관리 등 실제 운영에서 수많은 문제에 부딪혔습니다. 이러한 경험들이 쌓이며 현실을 직시하게 되었고, 창업에서 성공하기 위해서는 실질적인 현장 경험이 필수적이라는 것을 절실히 깨달았습니다.

또한, 재정 관리 역시 열정과 현실을 조율하는 데 있어 매우 중요한 요소입니다. 아무리 열정이 넘쳐도 자금이 부족하면 사업을 지속하기 어렵습니다. 저 역시 창업 초기 자본 부족을 겪으며 철저한 재정 계획의 중요성을 느꼈고, 무리한 확장보다는 안정적인 수익을 기반으로 점진적으로 사업을 확장하는 방식을 선택하게 되었습니다. 또한 정부 지원금이나 창업 지원 프로그램을 적극 활용하여 현실적인 자금 문제를 해결해 나갔습니다.

열정에만 사로잡혀 단기적인 성공에 집착하는 것은 피해야 합니다. 저도 초기에는 빠른 성장을 기대하며 무리한 마케팅을 시도한 적이 있지만, 이는 오히려 브랜드 가치를 훼손하는 결과를 낳았습니다. 이 경험을 통해 단기적인 성과보다는 장기적인 성공을 위한 기반을 다지는 것이 중요하다는 것을 배웠습니다. 장기적인 성공은 꾸준히 쌓아 가는 과정에서 이루어진다는 사실을 항상 염두에 두어야 합니다.

현실을 받아들이면서도 열정을 유지하는 것 또한 필요합니다. 창업 과정에서 많은 어려움과 좌절을 겪게 되지만, 이러한 경험이 오히려 열정을 더욱 단단하게 만들어 주는 계기가 될 수 있습니다. 저 역시 실패를 겪을 때마다 초심을 되새기며 왜 이 일을 시작했는지 다시금 상기했습니다. 현실적인 문제를 해결하면서도 초심을 잃지 않는 것이 창업 성공으로 가는 중요한 길임을 깨달았습니다.

직원들과의 팀워크와 소통도 필수적입니다. 처음에는 모든 것을 혼자 해결하려 했지만, 이는 오히려 직원과의 소통을 단절시켜 비효율을 초래했습니다. 이후 저는 직원들과의 협력과 소통을 통해 문제를 해결하는 것이 더 효과적이라는 것을 알게 되었고, 각자의 역할을 명확히 하여 조직이 균형을 유지하며 문제를 해결할 수 있었습니다.

마지막으로, 도전과 실패를 두려워하지 않는 태도가 필요합니다. 창업 초기에는 큰 열정과 이상을 품고 열심히 나아가더라도, 여러 차례의 실패를 겪기 마련입니다. 저 역시 많은 실패를 경험했지만, 그 과정에서 배운 교훈들은 오히려 저를 더 단단하게 만들어 주었습니다. 실패를 두려워하지 않고 그것을 교훈으로 삼아 다시 도전하는 자세가 열정과 현실을 균형 있게 조율하는 가장 중요한 방법입니다.

결국, 청년 창업가들에게 전하고 싶은 가장 큰 조언은, 열정과 이상만으로는 성공하기 어렵지만, 열정과 현실의 균형을 잘 맞춘다면 큰 성과를 이룰 수 있다는 것입니다. 현실을 직시하며 문제를 해결해 나가면서도 초심과 열정을 잃지 않는다면 창업의 여정에서 값진 성과를 거두게 될 것입니다.

14. 창업을 꿈꾸는 이들에게

도전과 용기의 중요성, 실패에도 굴하지 않는 마음가짐

창업을 준비하는 청년 창업가들에게 가장 전하고 싶은 조언은 실패를 두려워하지 않는 도전과 용기의 중요성입니다. 창업 과정에서 예상하지 못한 문제나 실패는 언제든 찾아오기 마련입니다. 저 또한 만당을 시작하며 수많은 어려움과 실패를 맛보았습니다. 외식업에 대한 지식은 물론, 고객과 소통, 직원 관리 등 모든 것이 생소했기에 그 과정에서 좌절도 느꼈습니다. 하지만 그런 실패의 순간들은 저를 더욱 단단하게 만들었고, 사업가로서 성장하는 귀중한 계기가 되었습니다.

예비 창업자들 중에 실패를 두려워하며 첫 발걸음을 내딛지 못하는 경우가 많습니다. 실패에 대한 두려움과 불확실성은 누구나 겪는 자연스러운 감정입니다. 그러나 창업 과정에서 실패는 결코 끝이 아니라 성장으로 가는 중요한 과정이라는 것을 인식하는 것이 중요합니다. 실패를 통해 문제의 본질을 깊이 이해하게 되고, 나아가 더 나은 결정을 할 수 있는 능력이 생기기 때문입니다. 저 또한 처음에는 실패가 두려웠지만, 실패를 밑거름 삼아 다시 도전하는 과정을 통해 자신감을 얻었고, 그 경험들이 차곡차곡 쌓여 오늘의 만당을 이룰 수 있었습니다.

창업의 여정에서 긍정적인 마음가짐을 유지하는 것도 중요합니다. 실패는 누구에게나 힘든 경험이지만, 그 속에서도 배울 점을 찾고 긍정적으로 바라보려는 노력이 필요합니다. 만당을 운영하며 여러 차례 좌절을 경험했지만, 그때마다 저 자신에게 '이 경험이 나를 더 성장시킬 것이다'라는 다짐을 하며 마음을 다잡았습니다. 이러한 긍정적인 태도는 어려운 상황에서도 다시 일어설 수 있는 힘을 주었고, 결국에는 성공으로 이어지는 원동력이 되어 주었습니다.

또한, 끊임없이 도전하는 정신을 잃지 않는 것이 중요하다는 것을 깨달았습니다. 창업은 단 한 번의 성공으로 끝나는 것이 아니라 지속적인 개선과 발전이 필요한 긴 여정입니다. 저 역시 만당을 운영하며 수많은 시행착오와 실패를 경험했지만, 그때마다 다시 도전하며 문제를 해결해 나가며 배워 갔습니다. 중요한 것은 실패에 굴하지 않고 끊임없이 나아가려는 자세입니다. 이 과정에서 작은 성공들이 쌓이면서 사업에 대한 자신감과 확신이 더해졌고, 만당이라는 브랜드가 조금씩 성장할 수 있었습니다.

자신을 믿고 끝까지 밀어붙이는 용기도 창업 과정에서 필수적입니다. 창업 초기, 주변의 많은 사람들이 제가 성공할 수 있을지에 대해 의문을 제기했지만, 저는 스스로를 믿고 끝까지 도전해 보자는 결심을 했습니다. 때로는 타인의 부정적인 의견이 불안감을 주기도 했지만, 자신의 신념을 믿고 나아갈 때 진정한 성공의 기회를 만들 수 있다는 것을 알게 되었습니다. 남의 평가보다는 자신의 결심과 신념을 믿고 도전하는 용기가 창업의 어려움을 이겨 내게 해 주는 큰 힘이 됩니다.

또한, 실패 속에서도 배움을 얻고 다음 도전에 활용하는 자세가 필요합니다. 저는 창업 초기의 다양한 실패 경험이 현재의 만당을 만드는 데 큰 자산이 되었다고 생각합니다. 예를 들어, 초기에 메뉴 구성에서 실수를 했던 경험 덕분에 고객의 피드백을 더욱 적극적으로 반영하는 운영 방식을 도입하게 되었고, 이를 통해 더 나은 메뉴 구성을 완성할 수 있었습니다. 실패는 단순히 좌절이 아닌 개선의 출발점이었고, 실패할 때마다 새로운 교훈을 얻고 이를 발판 삼아 다시 도전하는 것이 얼마나 중요한지를 깨달았습니다.

창업에서 가장 중요한 것은 실패에도 굴하지 않는 도전과 용기의 자세입니다. 실패는 때로는 지치고 힘든 과정이지만, 그 속에서 성장의 기회를 찾아내고 다시 일어설 수 있다면, 창업가는 어떤 어려움도 극복할 수 있습니다.

창업 전 반드시 고려해야 할 세 가지

창업을 준비할 때는 이상적인 목표만을 바라보는 것보다는, 현실적인 준비가 필수적입니다. 만당을 시작하며 다양한 시행착오를 겪었고, 이를 통해 창업 전에 반드시 검토해야 할 세 가지 요소가 있다는 것을 깨달았습니다. 이 요소들은 창업 후 예상되는 어려움을 줄이고 안정적인 운영 기반을 다지는 데 큰 도움이 되었습니다.

1) 철저한 시장 조사와 목표 고객 설정

첫 번째로 중요한 것은 시장 조사와 목표 고객 설정입니다. 초기 열정이 있다 하더라도, 진출하려는 시장에서 어떤 기회와 경쟁이 존재하는지 분석 없이 시작하는 것은 위험할 수 있습니다. 외식업에 발을 들이기 전, 저는 지역 내 경쟁업체의 강점과 약점을 파악하고 고객층이 선호하는 메뉴와 서비스가 무엇인지 면밀히 조사했습니다. 이러한 조사를 통해 경쟁 업체와 차별화할 수 있는 메뉴와 서비스를 개발할 수 있었고, 만당만의 독창적인 매력을 만들어 내는 데 집중할 수 있었습니다.

시장 조사는 단순한 인구 통계를 넘어, 고객들의 선호도와 소비 패턴, 외식업계의 변화 추세까지 포함해야 합니다. 예를 들어, 외식업에서 건강 지향적인 메뉴가 유행하는 시점이라면 이러한 트렌드를 반영한 메뉴를 고민하는 것이 좋습니다. 창업자는 시장 상황과 잠재 고객의 요구를 잘 분석하여 그에 맞춘 전략을 세우고, 특히 초기 고객의 신뢰를 얻어 내는 것이 필수적입니다. 시장 조사와 고객 분석은 창업 후에도 꾸준히 이어져야 하며, 이를 통해 사업의 방향성을 명확히 설정할 수 있습니다.

2) 철저한 자금 계획과 위기 대처 능력

두 번째는 자금 계획과 위기 대처 능력입니다. 창업 초기에는 매출이 불안정할 수밖에 없기 때문에, 자금 흐름을 정확히 계획하고 자금 확보 방법을 마련하는 것이 필수입니다. 저는 창업 초기 자금이 부족했지만, 정부와 지자체에서 제공하는 창업 지원금과 저금리 창업 대출을 적극 활용하여 안정적인 출발을 할 수 있었습니다. 창업을 준비할 때 지원금을 받기 위해서는 사업 계획서와 예산안을 철저히 준비하고, 자금 부족에 대비한 현실적인 대책도 세워 두는 것이 중요합니다.

초기 자금 계획과 함께 창업 후 예상치 못한 위기 상황에 대비한 위기 대처 전략도 필요합니다. 외식업에서는 원재료 가격이 급등하거나 예기치 않은 날씨와 같은 외부 요인으로 매출이 급감하는 상황이 빈번히 발생할 수 있습니다. 창업 전, 다양한 위기 상황을 시뮬레이션하고 이를 어떻게 해결할지 방안을 마련해 두면, 막상 위기가 닥쳤을 때 빠르게 대처할 수 있습니다.

저는 매출 변동이 클 때는 예산을 조정하거나, 비용 절감 전략을 빠르게 시행하는 등의 대응으로 위험을 최소화하고자 했습니다. 창업자는 이런 위기 상황에 빠르게 대응할 수 있는 자금 관리 능력을 갖추는 것이 중요합니다.

3) 현장 경험과 끊임없는 개선의 자세

마지막으로 중요한 요소는 현장 경험과 끊임없는 개선의 자세입니다. 창업 전 이론적으로 준비했다 하더라도, 실제 운영에서는 예상치 못한 문제들이 끊임없이 발생할 수 있습니다. 저는 창업 전 외식업체에서 일하며 매장 운영에 필요한 다양한 경험을 쌓았고, 이를 통해 고객 응대와 직원 관리, 재고 관리 등 실질적인 업무의 중요성을 체득할 수 있었습니다. 특히 외식업에서는 실무적인 경험이 중요한데, 고객의 불만을 어떻게 해결할지, 직원 간 소통은 어떻게 원활히 할지 등은 경험을 통해 배울 수 있는 영역입니다. 이러한 실질적인 경험을 쌓으면 창업 후 발생하는 돌발 상황에도 차분하게 대응할 수 있습니다.

또한 끊임없는 개선과 배움의 자세가 성공의 중요한 요소입니다. 외식업계는 트렌드 변화가 빠르고, 고객의 기대 수준도 지속적으로 변하기 때문에 이를 따라잡기 위한 노력과 유연성이 필수적입니다. 저는 창업 후에도 고객 피드백을 적극 반영하며 메뉴와 서비스 방식을 개선해 왔고, 이를 통해 고객들이 만당에 계속 관심을 가지게 할 수 있었습니다. 창업자는 정체되지 않고 계속해서 새로운 아이디어와 개선을 시도해야 성공적인 경영을 이어 나갈 수 있습니다.

이 세 가지 요소를 충분히 고려하고 준비한다면, 창업 후 예상되는 여러 문제를 효과적으로 극복할 수 있습니다. 창업은 이상만으로 이룰 수 없는 현실의 연속입니다. 철저한 시장 조사와 자금 계획, 실무적 경험과 개선 의지를 갖춘다면 안정적인 경영 기반을 구축하고 창업의 성공 가능성을 높일 수 있을 것입니다.

마무리하며

만당의 성공을 넘어, 새로운 비전을 향해

만당이 이루어 온 성공은 그 자체로 큰 의미가 있지만, 제게는 또 다른 시작을 의미합니다. 외식업에서 얻은 경험과 배운 교훈들은 앞으로의 도전에서 중요한 밑거름이 될 것입니다. 앞으로 만당은 외식업을 넘어 더 넓은 가능성을 향해 나아가고자 합니다. 단순히 사업 확장에 그치지 않고, 고객들에게 더 큰 가치를 제공하며 사회에 긍정적인 영향을 미치는 브랜드로 성장하고자 합니다.

저는 만당을 통해 쌓아 온 브랜드 가치를 바탕으로 더 다양한 분야로의 확장을 계획하고 있습니다. 외식업과 연계된 식품 제조 및 유통, 밀키트 사업을 통해 고객들이 집에서도 만당의 맛을 경험할 수 있도록 하고, 이를 통해 만당의 가치를 더 넓은 곳으로 확산시키고자 합니다. 이러한 사업 확장은 만당이 고객들의 일상 속에서 더 큰 의미를 가지게 하는 중요한 출발점이 될 것입니다.

또한, 만당을 단순한 외식업 브랜드로 남기지 않고, 사회적

가치 실현에 기여하는 기업으로 성장시키고 싶습니다. 특히, 외식업에서 쌓아 온 노하우를 바탕으로 외식업 컨설팅이나 경영 교육 프로그램을 통해 다른 소규모 외식업체들이 더 성공적으로 운영할 수 있도록 돕고자 합니다. 이러한 방식으로, 만당은 단순한 사업 성공을 넘어 사회에 긍정적인 영향을 미치는 브랜드로 자리매김할 수 있을 것입니다.

이와 더불어 글로벌 시장으로의 진출도 제 비전 중 하나입니다. 한국적인 정서를 담은 만당의 메뉴와 서비스를 해외에 소개하며, 한국의 외식 문화를 세계에 알리는 도전을 계획하고 있습니다. 이를 위해 철저한 시장 조사와 현지화 전략을 통해 글로벌 시장에서도 만당이 사랑받을 수 있도록 준비해 나갈 것입니다.

만당의 성장 과정에서 가장 중요한 역할을 한 것은 고객과의 신뢰 관계였습니다. 앞으로도 고객과 소통을 강화하며, 고객들이 원하는 가치를 충족시키는 데 힘쓰겠습니다. 이를 위해 서비스 품질을 지속적으로 개선하고, 고객의 피드백을 소중히 여기며 매장을 발전시키는 데 주력할 것입니다.

또한, 직원들과 함께 성장하는 조직 문화를 유지하고자 합니다. 만당의 성공은 직원들이 함께 노력한 결과였으며, 앞으로도 직원들과 협력을 통해 새로운 비전을 실현해 나갈 것입니다. 이를 위해 직원들의 의견을 존중하고, 그들이 자부심을 가지고 일할 수 있는 환경을 조성하여, 만당이 단단한 조직으로 성장할 수 있도록 할 것입니다.

결국, 만당의 성공은 끝이 아닌 새로운 시작입니다. 앞으로도 저는 만당을 통해 더 큰 비전을 이루기 위한 도전을 멈추지 않을 것입니다. 고객들에게 더 나은 경험을 제공하고, 직원들과 함께 성장하며, 사회에 긍정적인 영향을 미치는 기업으로 만당을 발전시키고자 합니다.

청년 창업가들에게 꿈을 심어 주는 기업가가 되기 위한 도전

만당을 운영하며 저는 단순히 외식업의 성공을 넘어서, 더 큰 꿈과 비전을 품게 되었습니다. 그것은 바로, 창업의 길을 걷는 청년들에게 긍정적인 영향을 미치고, 희망과 동기를 부여하는 기업가가 되는 것입니다. 외식업은 결코 쉽지 않은 도전이지만, 저는 이를 통해 더 많은 사람들이 자신의 가능성을 발견하고, 세상을 변화시키는 주인공이 되기를 바랍니다.

저의 경험을 바탕으로 청년 창업가들에게 꼭 전하고 싶은 메시지가 있습니다. 창업의 길은 때로는 고되고 불확실할 수 있지만, 그 과정에서 배우고 성장하며 결국 자신만의 길을 만들어 가는 것이야말로 가장 값진 자산입니다. 저는 외식업을 통해 수많은 시행착오를 겪으며 성장했으며, 그 경험을 바탕으로 다른 창업가들이 같은 실수를 반복하지 않도록 돕고 싶습니다. 함께 도전하고, 함께 성장하며, 함께 성공하는 길을 만들어 가는 것이 제가 꿈꾸는 비전입니다.

외식업은 단순히 음식을 판매하는 것이 아니라, 사람들에게 따뜻함과 행복을 전달하는 특별한 일이라고 생각합니다. 저는 지역 사회를 위해 만당이 할 수 있는 일이 무엇일까에 대해 끊임없이 고민하며 이벤트를 통해 이를 실천해 오고 있습니다. 이러한 상생의 가치는 단순히 비즈니스의 성공을 넘어, 우리 지역 사회에 긍정적인 영향을 미칠 수 있는 길이라고 믿습니다.

또한, 저는 청년 창업가들에게 멘토가 되고자 합니다. 경험과 배움을 바탕으로 현실적인 조언과 지지를 제공하며, 그들의 어려움을 함께 극복할 수 있도록 돕고 싶습니다. 특히, 초기 자금 부족, 사업 운영의 구체적인 전략 등 현실적인 문제들을 해결할 수 있는 방향을 제시함으로써 창업의 문턱을 낮추는 역할을 하고 싶습니다. 더불어, 창업을 꿈꾸는 이들에게 용기와 열정을 불어넣어, 도전의 가치를 발견하게 하고 싶습니다.

사회적 가치 창출도 제가 이루고자 하는 중요한 목표입니다. 저는 외식업을 통해 다양한 이웃들에게 따뜻한 식사를 제공하거나, 외식업 교육 프로그램을 운영하여 더 많은 사람들이 이 업계에서 기회를 얻을 수 있도록 돕고자 합니다. 이러한 활동은 외식업이 단순한 상업적 활동이 아니라, 세상에 선한 영향을 미치는 도구가 될 수 있음을 보여 주는 좋은 예가 될 것입니다.

무엇보다 중요한 것은 끊임없이 배우고 변화하는 자세입니다. 외식업은 빠르게 변화하는 트렌드와 고객의 요구에 발맞춰야 하는 업계입니다. 저는 늘 열린 마음으로 새로운 도전을 받아들이고, 이를 통해 더 나은 가치를 창출하기 위해 노력하고 있습니다. 이는 외식업뿐만 아니라, 모든 창업자들이 가져야 할 필수적인 태도라고 믿습니다.

앞으로도 저는 만당을 통해 더 큰 가치를 창출하며, 청년 창업가들에게 꿈과 희망을 줄 수 있는 기업가로 성장하고자 합니다. 제 경험과 노하우를 나누고, 창업을 준비하는 이들에게 실질적인 도움을 주며, 더 많은 사람들이 자신의 꿈을 실현할 수 있는 환경을 만드는 데 앞장서겠습니다. 우리가 함께 만들어 갈 미래는 지금의 도전에서 시작됩니다. 여러분도 그 여정에 함께 하시길 바랍니다.

만당, 연매출
20억의 비밀

ⓒ 양준영, 2025

초판 1쇄 발행 2025년 3월 5일

지은이　양준영
펴낸이　이진수
펴낸곳　엘프린트
주소　　서울특별시 용산구 청파로49길 37-3, 1층 24호
출판등록　제2022-000081호

ISBN　979-11-981032-7-7 (03320)

- 가격은 뒤표지에 있습니다.
- 이 책은 저작권법에 의하여 보호를 받는 저작물이므로 무단 전재와 복제를 금합니다.
- 파본은 구입하신 서점에서 교환해 드립니다.